45歳、結婚3年、

お金オンチの私にもわかるように家計と老後のことを教えてください！

フカザワナオコ 著

［アドバイス］竹川美奈子 深田晶恵

ダイヤモンド社

はじめに

はじめまして！　イラストレーター&漫画家のフカザワナオコです。
自分の日常や体験を漫画にするコミックエッセイというジャンルで活動して10年になります。
今まで描いた本のテーマはというと、独身時代のことをおひとりさまっていう視点で描いたり、ひとりで京都旅行したことや、苦手な料理に挑んでみたことを描いたり、3歳年下の夫ハッチーとの結婚なれそめ話や、新婚旅行で行ったハワイのことを描いたり…。
そんな日常や身のまわりのことをゆるっと描いてきた私ですが、この本では未知の世界というか、今までなら絶対思い浮かばなかったテーマであろう「お金」について描いております。

もともと私はお金に疎くて、子供の時からお小遣い帳も続かなかったし、大人になっても収入の不安定さから計画的に貯金とかできず、基本残ったら貯金という感じで…。
投資に関してもNISAとか言葉は聞いたことあっても「素人が手を出したら損する！」ぐらいに思っていて…。

そんなお金オンチの私ですが、結婚し3年たつものの夫婦で財布が別で、お互いの収入や貯金も把握しておらず「ほんとに我が家大丈夫か？　もうちょっとお金のこと、ちゃんと知った方がいいんじゃないか？」と不安に思うことが増えてきて…。
40歳も半ばで遅ればせながらですが、プロの力もお借りし、お金のことをちゃんと考えてみることにしました。

この本の前半ではファイナンシャルプランナーの深田晶恵さんに家計やマイホーム、保険の考え方、そして老後のお金のことを教えていただき、後半ではファイナンシャル・ジャーナリストの竹川美奈子さんに、フリーランスにオススメなお金の制度や、サラリーマンにも始めやすい投資のことなどを教えていただいています。

うちはお互い一人暮らしが長かった夫婦なので、家計のこととかどうしていいか本当にわからなかったんですけど、今回の体験を通していまどきの家計管理がわかったり、老後資金3000万円を貯められるかも？　って思えたり…。

そうそう、私個人としてはフリーランスには欠かせない「小規模企業共済」への加入もできました！　そして夫は保険の見直しをして、余ったお金でなんと「つみたてNISA」を始めたのです！　す、すごい〜〜〜！

この本では、私達夫婦が学んだお金のあれこれを、なるべくわかりやすく描いたつもりです。同じようにお金のことはよくわからないけど「将来のお金がなんとなく心配…」とか、「実は、投資にちょっと興味があるんだよね…」とか、はたまた「最近結婚したけど、夫の年収や貯金を詳しく知らなくて…」という方にも、共感しつつ楽しく読んでいただけたら嬉しいです。

フカザワナオコ

CONTENTS

☆プロローグ☆

漫画家のフカザワナオコです
45歳でーす
よろしくです～
そして夫のハッチーです
3歳年下のサラリーマンです～
結婚して3年夫婦二人生活にも慣れてきて
自宅が仕事場のフリーランス
夫は電気メーカーに勤務～
ギュイーン
ちょこちょこ考えるようになったのです
そうお金のことを!!
10000
10000
10000
10000
独身の時だってそれなりにお金のことは気にしてたし
仕事なくなったらどうやって生活しよう…
いつも不安だった…
当時の同居人の金魚たち
コポ
コポ

でもひとりで身軽ってのもあって
まぁなんとかなるか…♪
そこまで向き合うことはなく…
後回しとも言う…
いい
結婚したらしたで後回しにしてた不安が
体こわしたらアウトのフリーランス
安定しない収入
年とったら仕事あるの？
より明確になってきた…
結婚したからって
仕事の不安定さはどーにもならないのよね…
夫はというと4年前に転職し、契約社員で入った会社で嘱託社員まで昇進したものの
正社員になる可能性？
う〜ん
正直今の時代厳しいと思うわ〜
だよね〜嘱託になっただけすごいよね〜
そもそも　うちはお財布別々だし…
生活費は折半
お互いいくら稼いでいくら貯金あるかも知らないんだよね〜
子供もいないしローンもないし
夫のお母さんもうちの両親も今のとこ元気で
賃貸のコーポに住んでる
夫のお父さんは他界〜
なんとなく夫婦でお金の話することもなく　ここまで来ちゃったけど…

親だってずっと元気なわけじゃないし
介護とかどうしよう…
いつか来る自分たちの老後だってノープランでいいわけないよね…
でも何をどうすればいいの…？
そんな時仕事でお金の本のイラストを描くことが続いた私
指定どおりのイラスト描くだけだけど…
テーマ気になるしおもしろい♪
指定の原稿を読み進めていくうちに
iDeCo
NISA
つみたてNISA
投資
老後資金
貯蓄額
スカスカの頭にどんどん入るお金のコトバ…
気になってお金に関するサイトなども見るようになり
よく出てくるNISA《ニーサ》とかiDeCo《イデコ》って一体何!?
MONEY
我が家にも関係あるの!?

それにみんな貯金とかどれくらいしてるものなの!?
老後資金とかどうやって貯めてるの?
そもそも老後資金っていくらいるのー!?
ギャーーー!!
ああ…わからないことがわからない…
ピロ〜ン
あ メール
Aちゃん
ナオコさ〜ん マイホームがようやく完成したので遊びに来てくださーい♪
そういえば家建てるって言ってたもんな〜
お〜!!
すごいな〜 Aちゃん夫婦うちより全然若いのに…
しっかり自分たちの人生設計たててるんだなぁ…
庭がほしくて〜
まわりは将来のこと考えていろいろ動いているのに
うちはお金のこともよくわかんないしノープランだし…
ハッ!!
アハハー

もしも人生設計っていう線路があったなら…
START
ぼー
ぼー
ノープラン
貯金しよう!
目標額はどうする?
老後資金貯めよう
家とかどーする?
やっぱり一戸建てかな~
私はマンション買うわ!
子供が自立したら海外に住みたいわ
じゃそのためにお金の流れを見直そう!
至GOAL
こんな感じ…?
あれ?うちけっこうやばい…?
ガーン
私45歳 夫42歳 結婚3年にして
私たち老後とか大丈夫かな…?
ボソッ
えっ!?
何急に!?
ドキッ
ようやくお金のことをちゃんと考えなきゃと思ったのでした…

1章

我が家の世帯収入は…？

…とはいえ、お互いの年収は もちろん 貯蓄額すら 知らない私たち
お金の話って しにくいし…
何をどうしたら いいものやら…
そんな時
ピローン
ダイヤモンド社の 木村です！
はじめまして!! お金の本などの 編集をしてます!!
いつも フカザワさんの 本読んでます
わわわっ
ご結婚されて 少したつということで 家計や老後のこと 考えてたりしますか？
フカザワさんの お金にまつわる 体験を漫画に しませんか？
来た コレ…
お金のことちゃんと 考えろって波が 確実に来てる～
早速電話で話すと
お金のことなんにも 考えてなくて まずいなーとは 思いつつ…
どうしたら いいのかわかんなくて～
なるほど!!
一度ご夫婦でファイナンシャル プランナーさんの家計診断 受けてみるのもいいかも？
まずは 家計の 見直しです～
ファ… ファイナンシャル…？

ファイナンシャルプランナーとは
毎日の家計や老後のことなど
Financial Planner
通称FP
その人の人生のお金にまつわることを適切に助言して提案する専門家です
いわばお金のプロにアドバイスしてもらうんです
えぇ〜!? すごいっ
ぜひ受けたいっ
夫にも話して
こんな話来てて…
私たちお金のことあんまり話してこなかったし いいタイミングかなーって…
フムフム
オレもお金のこと知りたいし
いいと思うよ!!
という訳で決定☆
木村さんと共にいざファイナンシャルプランナーさんの事務所へ!!
よろしくおねがいしまーす
夫のハッチーですー
木村ですー よろしくおねがいしまーす

我が家の家計を
見てくださるのはこの方！
ファイナンシャルプランナーの深田晶恵です
キリリ
個人の方の家計管理のノウハウ　保険の見直しなどの相談を主に受けています
よろしくおねがいします
さすがお金のプロ！めっちゃキリッとしてる～
早速ですがお二人は結婚して3年でしたっけ
はい～　お金のことってどうしていいかわからなくて
財布もずっと別々で…
ついつい後回しにしてたらいつのまにか3年たってまして…
そういう方多いんですよー
2年3年たってようやくいろんなことが見えてくるんですかね
そうなんですねー
ホッ
それでハッチーさんとナオコさんが不安に思ってることって何ですか？
やっぱり老後とかー
あっ
あとあと

※生活設計塾クルー　http://www.fp-clue.com/

これが我が家の

☆年間決算シート☆

毎月×12＋年数回

	項目、内容	毎月	年数回	年間合計
支出	生活費① 公共料金、引き落とし クレカで払ってる生活費	4万4000円	1万4000円	54万2000円
	生活費② お財布から出す生活費	7万円		84万円
	生活費③ クレカで払う 食費・日用品費など	2万円		24万円
	住居費 家賃、火災保険など	6万5000円	2万7000円	80万7000円
	車維持費 ガソリン代 税金など	2万円		24万円
	生命保険料	1万6000円		19万2000円
	おこづかい 夫	2万円		24万円
	〃 妻	2万円		24万円
	外食 回転寿司、居酒屋など	1万円		12万円
	2人でやる趣味 フェスなど	音楽大好きー	10万円	10万円
	夫 車の買い替え、車いじり代など		25万円	25万円
	妻 ソフト代 画材など	1万円	2万円	14万円
	その他支出 交際費など			
	その年だけの特別支出 家電買い替えなど			
	Ⓐ支出合計			
収入	手取り収入 夫			
	手取り収入 妻			
	Ⓑ世帯の手取り収入合計			
収支	Ⓑ－Ⓐ＝世帯で貯蓄できる額			

夫は超車好き……

我が家の経済状況が丸わかり…!!
世帯年収は500万円台ってとこでーす
肝心なとこは深田さんだけ見てくださーい!!
フムフム
なるほどー

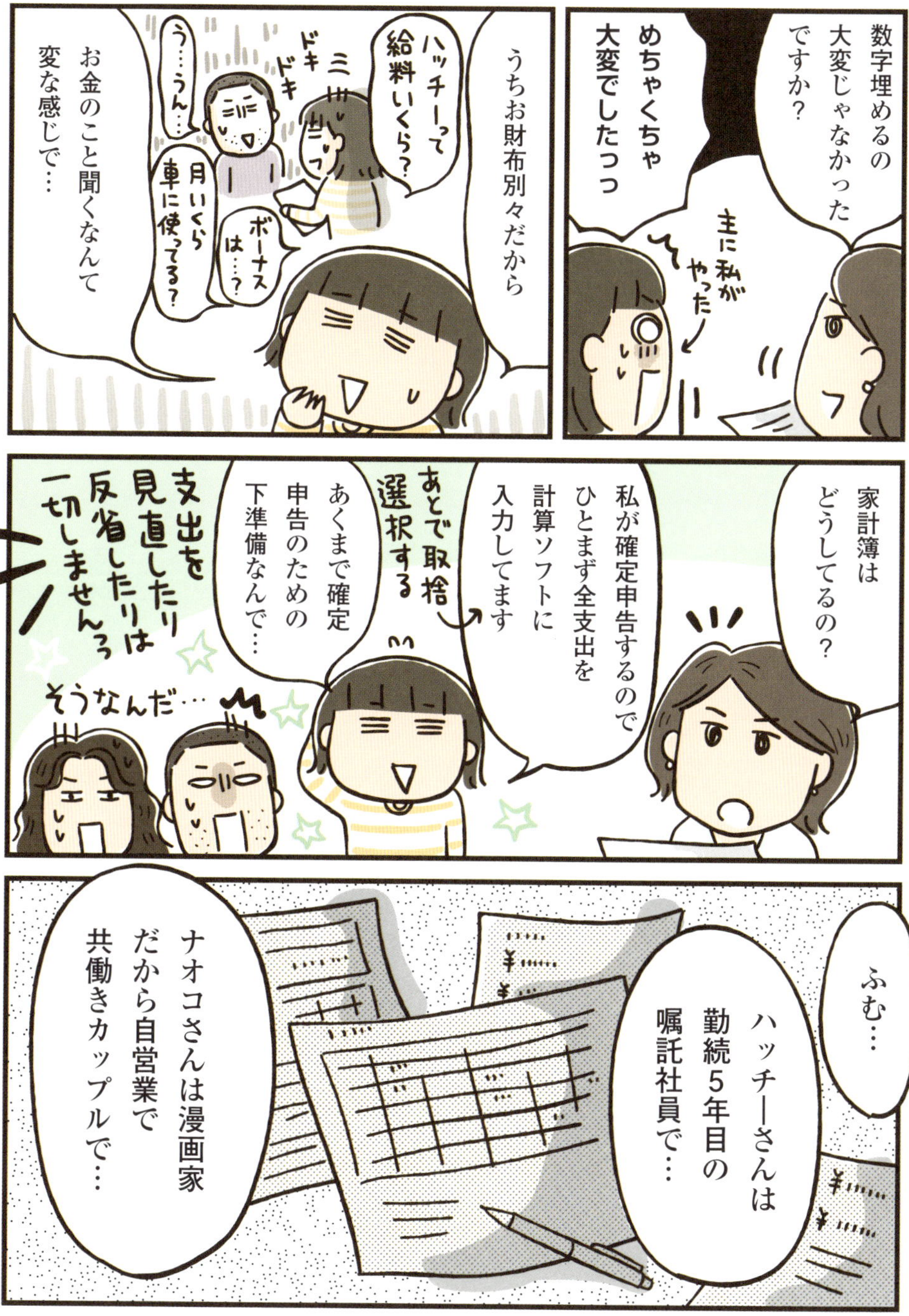
数字埋めるの大変じゃなかったですか？
めちゃくちゃ大変でしたっっ
主に私がやった
うちお財布別々だから
ハッチーって給料いくら？
ドキドキ
う…うん…
月いくら車に使ってる？
ボーナスは…？
お金のこと聞くなんて変な感じで…
家計簿はどうしてるの？
私が確定申告するのでひとまず全支出を計算ソフトに入力してます
あとで取捨選択する
あくまで確定申告のための下準備なんで…
支出を見直したり反省したりは一切しませんっっ
そうなんだ…
ふむ…
ハッチーさんは勤続5年目の嘱託社員で…
ナオコさんは漫画家だから自営業で共働きカップルで…

そうね 大企業で働いてる いわゆる高収入共働きカップルに比べたら
お二人の収入は決して多くはないわね
ズバッッッ
うすうすそんな気はしてたけど…
ガーーン
改めて言われるとショック～!!
家計診断スタート早々こんな感じで
私が不安定なフリーランスなばっかりに…
いやいやオレだって正社員じゃないし…
どよよ～ん
診断続けていいですかー？
我が家の家計や老後はいったいどうなるのでしょうか

2章

家は買った方がいいの？
それとも…？

FPの深田さんによる家計診断で世帯年収の低さを指摘された私たち夫婦でしたが…
待って待って
最後まで聞いて〜
去年1年間でできた貯金額はそれぞれ50万円でしょ
提出した書類
えっ!? 私たち同じ額なんですか!?
あれ？知らなかったんですか？
お財布別々なんでお互いの貯金とかも全然知らなくて…
今日提出した書類も年間決算シート以外はそれぞれ出したんで…
私の〜
オレの〜
相手の数字まで見てなくて…
私の場合貯金っていっても収入が不安定なんで毎月いくらとかじゃなくて…
入ってきたお金をなるべく使わないようにした結果去年増えたお金がその額っていう…
果たしてこの50万円は貯金といってもいいのか…？

まぁオレは
ちゃんと決めて
貯めてたけどねっ
毎月4万円
ちょい!!
え!?
まじで!?
フフンッ
すごーい
うん　高収入の共働きカップルと
比べたら世帯収入は
少ないわ
でもね
その少ない収入の範囲内で
コツコツ貯めてるんだなぁ
っていうのは
夫 ハッチー 42歳
●去年できた貯金額
50万円
●金融資産の総額
妻 ナオコ 45歳
●去年できた貯金
¥500.000
●金融資産の総額
この50万円って額から
伝わってくるのよね
ってことは私たちの
老後はまだまだ
なんとかなりますか!?
もちろん!!

なんとかなるさと思いながら将来のことをどこから手をつけていいかわからなくて…
お金も闇雲に使えなくって…
結論
お金はあんまり使わないでおこう
ってやってきたのがよかったのかもね
この貧乏性な性格がなにげにプラスになってたなんて〜
バナナ
¥198
¥100
とっても甘〜い
フツーに甘〜い
こっち〜!!
ちょっとうれしい…☆
今って、家は賃貸なのよね
コーポ〜2DK〜
マイホーム
将来は家を買いたいとか思ってます?
正直40歳すぎてて今から住宅ローンとか不安かも…
引っ越しても賃貸のマンションとかかな〜って…
チラッ…
車LOVE
オレ車いじるのが趣味なんでいずれは車庫つきの一軒家に住みたいな〜って

お二人とも実家は持ち家なのね
たとえばナオコさんのご両親は家を子供のために残そうって思ってたりします?
直接聞いたことはないですけど…
親の老後のお金のために実家の家は最終的に親自身が売るんじゃないかなと…
老後資金的な…
いや、そうじゃないのよ
親の老後のお金っていうんじゃなくて…
まだまだ元気じゃて!!
今って親が長生きするのよっ
えー
そ、そこ〜!?

医療技術も進んでるし
日本人は長寿だし
やっと
オレも
定年か～
おつかれ
さま～
チーム親
まだまだ元気～
自分が定年になった時、
親が健康って人
ばっかりなのよ、今
もともとそういう
気もなさそうだけど
自分たちの家を
考える時は
実家の家をあてに
しない方がいいわ
なるほど～!!
言われてみれば
うちの親長生き
しそうだし…
まぁ長生きして
くれないと困るんだけど
お義母さんも
まだ60代で
若いもんな～
たとえば親と同居
するとか最終的に
家をあげるって話に
なった時に
バリアフリーにするとか
改築するとかそれぐらいの
お金は貯めておくと
いいんじゃないかしら

私は持ち家推奨派でもないんだけど
なぜ多くの日本人が家を買いたがるかっていうとね…
コホン…
老後働けなくなって年金の中から家賃払いたくないっ!!
ってことなのよ
年金だけでもみんな足りなくて貯金を取り崩してるのに、これで家賃まで払うことになったら…
毎月家賃10万円…
1年で120万円…
10000
10000
ムリムリムリムリ~
だったら住宅ローンっていう仕組みを使って老後の家賃を前払いしようっていうことが
家を買うということ…
ハラリ…
なのね
買うのも買わないのもどっちでもいいと思うけど
貯金
家賃
年金
働けなくなった時に家賃を貯金や年金から払うのは大変だと思います

だから、実家に帰る帰らないじゃなくてその時のタイミングや流れで「お金があれば選択肢が増える」って考えてみたら？
選択肢
A 引越し
B 実家のリフォーム
C 中古の家を購入するための頭金
ちなみにどの選択肢でも100万円以上かかりますー
そうなのかー
家のことって今までどうやって考えたらいいかわからなくて
友達みんな家買ってるーうちどうしよーー
ひー
あわわー
ただただ焦ってたけど…
家の考え方初めてちゃんとわかったような気がする
うんうん

どの選択肢になっても車庫つきの家に住めるようがんばりますー
中古とか借家でも全然アリかなーって
ハッチーさんが車にお金を使うことってナオコさんはどう思います？
あっ…
はじめは　びっくりしましたけど…
車大好き!!
いろいろいじりたいー
まぁ自分の考えてる範囲内でやりくりしてるのならいいのかなって…
そこらへんは本人にまかせちゃってるというか…
さすがに相談なしに車買ってきたりしたらその時はめっちゃ怒ると思うけど
そんなことしないよーぃ
お二人は今まで自分たちのペースでそれぞれやってきたから
お互いに相手のお財布は自分のお金って考えてないのよね

それは　お財布をひとつにしても同じなんですよ
お財布が一緒でも一緒じゃなくても
貯めてりゃそれでいいんですっ
独身時代が長かったからこそ相手に対して大きな要求をしないっていう
へーーー!!
お二人のその考え方がお金にも出てるんだと思いますよ
そ、そういうものかね
自分たちでは気づいてなかったね
てれっ
お金のことを教えてもらいに来たのに…
夫婦生活のカウンセラー受けてるみたいだな〜
えへへ〜
まだまだ深田さんのレクチャーは続く!!

3章

共同貯金は誰のお金？

お財布は別々っていうことだけど
生活費はどうしてるの？
二人で共有してる部分の金額を出したら
家賃
食費
光熱費
日用品
いろいろ
20万
だいたい月20万円弱だったんで…
●車の維持費は夫持ち
●お酒とか嗜好品は各自で払う
夫から生活費に毎月8万円預かってます！
ハイ8万円
月末ー
サンキュー
え？　なんで半分の10万円とかじゃなく8万円なの？
私　家が仕事場なんで家にかかるお金の一部を経費扱いにしてて…
家賃
光熱費など…
何割かを経費として申告！
だから生活費をきれいに半分こするのは悪いかなーって
フリーランスは確定申告で経費を申告すると利益が減って、その分納税額も減るのです
経費の計算大事!!

確かに年間決算シートを見ても毎月の生活費は20万円弱かかってるわ
フム…
だったらハッチーさんから預かる毎月の生活費は10万円が妥当ね
でも私の方が仕事で電気も部屋も使ってて経費にも計上しちゃってて〜
ズバッ
経費にするしないはあとの話なのよ
家計の話ではこの毎月の生活費20万円は二人の共通の支出なんだから
10万円
10万円
生活費 20万円
それぞれ半分こする感覚でいいのよ
そうなの──!?
へ──
そういえば個人とは別に二人でしてる貯金もあるのよね
何かあった時 貯金
2人で毎月1万円
ハワイ旅行 貯金
2人で毎月2万円
すなわち一人月1万5000円ずつ〜
生活費と一緒に預かって銀行に入金してます〜
ほんと少ないんですけど…

それじゃハッチーさんがこれから毎月家庭に入れるお金はこんな感じかしらね
生活費
8万円→10万円
2万円UP
共同貯金
1万5000円
現状維持
合計
11万5000円
生活費の2万円アップが地味にきますねっ
ひ～っ
家計診断容赦ないぜ!!
あ
あの～
アハハハ～
生活費の負担が半々になるのはありがたいんですけど
どうしても気になる～
私も家が仕事場でお金的に助かってるのにほんとにいいのかなーって…
だったらこうしたら？
確定申告～
源泉徴収
毎年確定申告すると源泉徴収された税金が戻ってくるじゃないですか
ハーイ!!
源泉徴収って言ってもわかりにくいので説明しまーす
ざっくりとね!!

クライアントが原稿料などを支払う時に所得税をあらかじめ引いてそれを国に納付することを
源泉徴収
と言います
国
所得税
クライアント
報酬
フリーランス
源泉徴収分引かれて入金されるよ
そしてフリーランスは売上に対して経費がかかったことを翌年の確定申告で申告すると
収入が確定〜
源泉徴収で払いすぎてた所得税が戻ってくる!!
国
もらいすぎてたから返しまーす
わ〜いやった〜
そうやって源泉徴収された税金が戻ってきたら
いつも生活費半分出してくれてるおかげ♪
ここは払うわ♪
え〜いいの〜!?
って言って外食一回分ごちそうすればいいと思うわ
そっかー!!
それで残りは二人の貯金とかでもアリですよね!?
すごいっ

生活費の負担が上がっても去年できた貯金額を今年もできるように
1年で50万円貯める
これ絶対
うんうん
ハッチーさんにはやりくりがんばってもらわないとですね
で…ですよね～
2万円どこから削るかなーやっぱ車かなー
アハハー
男性は趣味の出費を我慢して
初めて結婚の現実を知るのかもですね…
で、気になるのはこの二人の共同貯金ね
二人の共同貯金
◎何かあ……
◎ハワイ…
この「ハワイ貯金」ってやつはナオコさんの名義でハワイに行ったらなくなっちゃう貯金なのね
二人で
貯めてますっ
毎月2万円
ハワイ貯金
その名のとおりハワイに行くための貯金
毎月1万円
何かあった時貯金
家電が壊れたりお祝いとかのためのお金
で、こっちの「何かあった時貯金」はハッチーさんの名義なのね

この「何かあった時貯金」の口座には何百万も貯めない方がいいわ
何百万
ええ!? なんですか!?
二人で同じ口座にコツコツ貯金するっていいことじゃないんですか!?
これぞ家族!! これぞ夫婦!!
お金って税務署から見た時に
バンッ
10000
誰の名義のお金か?
ってことがすべてなんです
まだ数十万円ぐらいの金額ならいいんですけど…
我ら高収入共働きカップル♪
500万円〜
高収入共働きカップルが家を買うために頭金500万円貯めるとしますよね
出た!! お金持ちカップル〜
うらやましい!!

気持ちの上では夫婦共同で貯めてるから「二人のお金」でも
二人のお金♪
ちがいますよ〜!!
税務署
えー
そうなの〜!?
それがどちらかの名義である限り税務上はその『名義の人のお金』になってしまうんです
家を買うと税務署から「お尋ね」って書類が届くことがあるんですけど
お尋ね
家の購入資金の出所や名義を調査するもの
●住宅資金の調達方法
●頭金など現金で支払った場合
誰の名義の預金
どこの銀行(支店名も)
いくら下ろしたか
しっかり明記!!
要するに税務上『二人のお金』って書く場所はないいっ
のですっ
旅行貯金は1年か2年で使っちゃうお金だからいいけど…
将来のお金
妻
夫
ぴし〜
将来のための貯金は自分の口座で各自貯めるのがオススメよ
へ〜
ほー

お財布別々の私が言うのもなんですが…
夫婦一緒に貯めず個人で貯めるってなんか夫婦っぽくないような…
不思議な感じ〜
いいんですっ!!
結婚しても個人でも
稼いだお金＝自分のお金
ですから
おー
そうなのかー
もしナオコさんが働いてなかったらハッチーさんのお金は自分のお金って思えますか？
専業主婦ですっ
ええ〜!? どうだろ〜!?
うーーん
私が家のことやってそれで夫が会社に行って稼げてるなら
夫のお金は私のお金でもある
って思うかも!?
おー
家事も労働ー
民法上はそうなんですよ だから離婚の時の財産分与も夫婦で認められていて…
でも税務上は「稼いだ人のお金」…!!

だからいざという時のために
自分たちのそれぞれの口座で貯金続けてね！
なるほど～
うちお財布別々だからせめて一緒の貯金あった方がいいかなって思ってたけど…
貯金ももっと個人的に考えてよかったんだね
それに…
稼いだお金はその人のお金 by税務署
バーン
って考えたら
ますます仕事がんばろうって思えてくるわ～!!
貯金の考え方を深田さんに教えてもらい
目がお金マークになってる…
そういう考え方スキ～
とにかく仕事がんばって!!
改めて仕事へのモチベーションがあがる私なのでした☆

4章 老後資金3000万円も夢じゃない!?

そういえば老後になった時に必要なお金って
いくらぐらいだと思います？
え～いくらだろ？
1000万円くらい？
1500万円？
もっとかな？
ざっくり見積もって夫婦で3000万円は必要と言われてるんですよ～
毎月の生活費
病気などの特別支出費
老後資金3000万円
90歳まで生きるとして♪
そんなにー!?
えっっ
もう人生折り返してるのに
今から3000万円も貯める自信ありません～!!
ガタッ
うんうん
まず、私が家計診断でよく使ってる
妄想キャッシュフロー
でシミュレーションしてみましょう

ある4人家族の **妄想キャッシュフロー**

経過年数	昨年	0	1	2	3	4	5		24	25	26	27	28	29	30
西暦	2013	2014	2015	2016	2017	2018	2019	中略	2038	2039	2040	2041	2042	2043	2044
家族の年齢 本人	30	31	32	33	34	35	36		55	56	57	58	59	60	61
家族の年齢 配偶者	28	29	30	31	32	33	34		53	54	55	56	57	58	59
家族の年齢 長男	0	1	2	3	4	5				26	27	28	29	30	31
家族の年齢 長女			0	1	2	3				24	25	26	27	28	29
ライフイベント支出	毎月100万円貯めるとして		マイホーム購入!! 頭金諸経費800万円				長男大学510万 長女大学510万		子供はもう自立					定年 ローンの残りを一括返済1500万円	
A 収入										役職定年で収入ダウン!!					
B 支出								中略							
C その年の収支(A−B)	100	100	100	100	100	100	100		100	0	0	0	0	0	
D ライフイベント支出						800								1500	
貯蓄残高	600	700	800	900	1000	300	400		1280	1280	1280	1280	1280	−220	−220

子供の大学にかかる支出などもあり…

万円

前年残高＋C−D

☆妄想キャッシュフロー☆

老後資金3000万貯まるといいな〜

経過年数		昨年	0	1	2	3	4	5		17	18	19	20	21	22	23	
西暦		2017	2018	2019	2020	2021	2022	2023	中略	2035	2036	2037	2038	2039	2040	2041	
家族の年齢	ハッチー	41	42	43	44	45	46	47		59	60	61	62	63	64	65	
	ナオコ	44	45	46	47	48	49	50		62	63	64	65	66	67	68	
ライフイベント支出		毎月100万円貯めるとして ↓		家購入未定〜							ハッチー定年⇩ すぐ次の仕事始める	2人ともなんとかここぐらいまでは働くとして… →					
A 収入																	
B 支出									中略								
C その年の収支(A−B)		100	100	100	100	100	100	100		100	100	100	100	100	100	100	万円
D ライフイベント支出																	
貯蓄残高		100	200	300	400	500	600	700		1900	2000	2100	2200	2300	2400	2500	

前年残高＋C−D

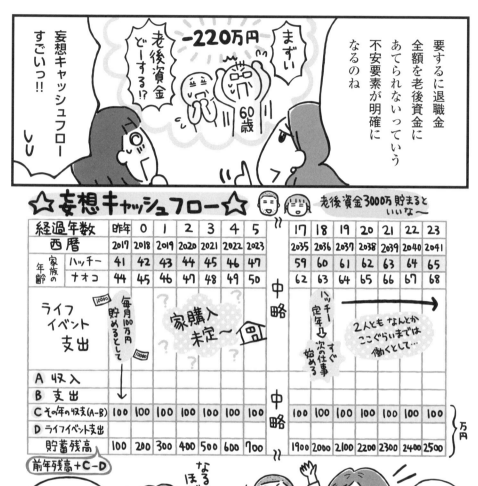

え!?
この貯金ペースだと…
100
2500
(万円)
2041年の貯蓄残高
目標の老後資金に500万円も足りない!?
ライフイベント支出がないって前提でも
家未定
今の貯金ペースだとそういうことになるわね
子供なし
500万円をプラスして貯めるとしたら
65歳までがんばるとして
500万円÷23年間
1年で約22万円
22万円を12ヶ月で割ると…
カチカチ
1ヶ月で約1万8000円
1人あたり9000円
ですね
ってことは去年と同じ貯金ペースに1人9000円貯金アップって考えたら…
毎月の貯金9000円UP
なんとかなりそう!!
そう!老後資金3000万円も夢じゃないんですよ

ナオちゃんはそりゃ生活費の負担が2万円ダウンするんだから楽勝でしょ
オレは生活費アップなのに〜
そういえば…!!
ラッキー
あ、でも私の仕事…60すぎまで今のペースでやるの難しいかも〜
老眼
集中力の低下
仕事いつまであるの？
収入も今よりもっと低くなるかもだし…
私が貯金戦線から脱落したらあとはよろしく…
そういう時だけ頼る
まじか!?
あっ
お二人の趣味のハワイ旅行を国内旅行に変更したりして
そこらへんうまく貯金と支出を調整していくといいんじゃないですかね？
臨機応変に〜
なるほど!!
もちろん収入が減ったり家買ったり何か大きなライフイベントがあったら貯蓄残高はここからそれだけ減りますけど
人生何があるかはわからないけど…
この年表ではさんぜんまんえ〜ん
でも妄想キャッシュフロー上では可能なの

コツコツ貯めたお金が最終的に3000万円っていう額になるって思ったらワクワクしませんか？
ハイッ
楽しみですー
その気持ちがお金を貯めていくことには必要なんですよ
あとね
これは貯金を続けていくコツなんだけど…
たとえ1000円 2000円の節約でもあなどるなかれ
1000
1000
1000
1000
1000
固定費の見直し
保険の見直し
光熱費の見直し
携帯代の見直し
1000
1000
1000
1000
月4000円の節約
年間4万8000円の節約
それぞれ1000円ずつ節約したら
1年で4万8000円の節約になるのよ
ビシッ!!
へー
おー

20年だと96万円♪
すっ
すごいっ
約100万円～!!
結局一気に何万も支出をおさえられるものってないんですよ
コツコツ
1000
1000
節約
貯金
ちりも積もれば山となる～
だから少しずついろんなとこから支出をおさえて
その分貯金にまわせば自然とお金が増えるの
お金のことを考える時は掛け算（積算）がポイントよ♪
1000円×12ケ月
500円×12ケ月
う～ん
1000円しか安くならないし…
なんて思ってちゃお金は貯まらないわ
肝に銘じます
二人の場合はハッチーさんが厚生年金でナオコさんが国民年金だから…
老後の年金は二階建て方式
会社員は1階国民年金2階厚生年金が受けられる
オレはこっちだ～
厚生年金
国民年金
会社員
自営業は1階の国民年金だけで2階部分がない…
私こっち!?
が～ん
国民年金
自営業など
会社員の共働きカップルに比べたら老後の年金が少ないのよね

だから実際は老後資金も3000万円よりあった方がいいんだけど…
3000万円でも足りないんですか!?
フリーランス涙目…!!
だからこれから収入が増えたりハッチーさんが昇給したら1年で150万円貯金する年もあるといいかも!
臨時収入を使っちゃうんじゃなくて貯金にまわすってことですね
フムフム
浮かれて車買ったり…
わ〜い♪
無計画に海外旅行に行ったりしないってことか…
胸にしっかり刻んでおこう…
65歳からは年金をあてにするのもいいけど…
70歳まで働くぞ〜
私もなんとかがんばる〜
70歳まではなんとか働いて年金は手をつけないで貯めておけるようにしておくのもひとつね

老後の貯金を取り崩す時期をなるべく先に伸ばすようにするってことですか？
老後貯金〜
お〜いょ♪
まだ
使わな〜い
その通り!!
年金もらうまでどうやって生きていくかも大事だけど…
45歳
50歳
60歳
65歳
70歳
妄想キャッシュフロー
その先の自分たちの生き方をちゃんと考えるのも
老後の準備のひとつなんだなー
お金の旅路は果てしないね
まったくだねっ
次は二人の入ってる保険を見直ししますよ〜
うんうん
深田さんの家計診断はいよいよ最終段階へ☆

5章

ハッチーの医療保険は不要だった!?

家計、老後資金の次は
生命保険
今入ってる保険を見てもらいます
年金なんとか
NEW医療保険
ベストなんちゃら
証書持ってきた〜
まずハッチーさんの保険ね
二つ入ってるのよ
個人年金保険と医療保険に入ってます
個人年金保険はザッとこんな感じね
個人年金保険
35〜65歳（払込満了）
払った保険料の合計
360万円
65歳から74歳まで
年に1回
44万8800円
もらえる
保険料は月1万円です
35歳から入ってます
フムフム
へ〜
360万円払ってもらえるお金はトータルで約448万円かぁ…
44万8800円×10年間
448万8000円
ハラハラ
チーン
カチ
カチ
カチ

すでに超低金利の
契約だけど
まあまあ増えるから
これは継続でいきましょ!!
おおっ
さっきの妄想キャッシュフローでいうと
65歳の時から毎年約45万円
入ってくると思えばいいんですよ
毎年約45万円
65歳から74歳まで
めちゃくちゃ助かる〜!!
貯金の話にもつながる
けど　この保険料払える
ように65歳ぐらいまでは
働いていたいわね
保険料
毎月1万円!!
10000
65
定年後もがんばら
なくっちゃな〜
で、問題はこっち
毎月約5000円保険料
払ってる医療保険の方
主な契約内容
●入院したら日額1万円支給
●手術に応じて
10〜40万円支給
etc…
え!?
何が問題なんですか〜!?
ぴらっ

たとえば、どんながんの手術でもかかる費用ってだいたい100万円前後なの
手術費用
100万円
健康保険適用
3割負担で
30万円!!
払う額はコレ!!
ってことは健康保険が適用されると実際払う額は30万円
さらに高額療養費制度を使えばハッチーさんの収入だと
負担は月約6万円で
それを超えた分のお金が戻ってくるんですよ
よいしょっと
高額療養費《こうがくりょうようひ》制度とは
ひと月にかかった医療費の自己負担額が高額になった場合、一定の額を超えた分があとで払い戻される制度
年収と年齢で計算される
医療費100万円
たとえば
6万円
24万円
70万円
3割負担
高額療養費として払い戻される
これが実質の負担額
これこれ…何年か前に子宮筋腫の手術した時この手続き私しました〜
めちゃお金戻ってきた〜

それにハッチーさんの会社の健康保険はフツーより手厚くて…
病気・ケガ・がんでも1ヶ月の自己負担額
2万5000円
ぽっきり!!
ですっ
たしかに〜
すごいなサラリーマン!!
うらやまし〜〜
医療費が2万5000円超えた分は返ってくるってことだから
この医療保険いらないいっ
キッパリ☆
ええっっ!?
だってがんでも2万5000円超えた分返ってくるのよ〜
手術しても
入院しても
抗がん剤外来でも
うぐぐっ
あっ
あの〜
ってことは夫はがん保険に入らなくてもいいってことですか…?
え!?がん保険入ってないの!?
日本人の二人に一人はがんになるのに〜!!
がん保険入ってないって結婚してから知ってちょっと気になってて…

そういうことになるわね
がんには三大治療っていうのがあって
がんの三大治療
手術
抗がん剤
放射線
この内入院が伴うのは手術のみ
今は技術が進んで抗がん剤も放射線も通院でできるんです
医療保険は基本的に入院か手術をした時にお金がもらえるの
医療保険
入院
OK
手術
OK
10000
10000
通院
ブッブー
出ない…
放射線や抗がん剤も外来（通院）で受けることになるのでこの保険だとお金が出ないわね
どの治療でお金がかかったとしてもハッチーさんが加入してる健康保険だったら
1ヶ月2万5000円超えた分は返ってきます
充分かなっと
ほ〜
がんはお金がかかるってイメージがあって…
がん保険
CM
がん保険に入っておかなきゃいけないのかなって思ってました〜
ホッ

確かにがん保険に入っていれば診断給付金で100万円出るとかあるわよね
がんと診断されたら100万円
ウィッグ代
実際がんになると髪の毛抜けたりしてウィッグが必要になって出費もかさむけど…
ハッチーさんの場合男性だしそのヘアスタイルだしね！
オレ全然いいですっハゲてもOKですっ
ノーウィッグで!!
それに抗がん剤治療やったら体力落ちるから飲みにも行かなくなるし
趣味のフェスにも行かなくなるから
1章の年間決算シートにあったフェス代10万円が浮くわ!!
ムリ
遊びの出費が減る分で治療費もろもろまかなえて
ウィッグもいらないっていうし
がんになってもなんとかなるわ
おお〜

がんに限らずどんな病気になるかなんてわかんないけど…
保険よくわかんな～いい
病気になったらどうしよ～
不安ー
って状態からは抜け出せそ～
うんうん
入院する可能性もあるし病気になったら思いがけない出費もあるけど
ザ☆貯金～
そのために貯金があるんだし!!
それにこの医療保険定期型だから10年たったら保険料どーんと上がっちゃうのよね
定期型？
保険にはおおまかに分けて二つあるんです
保障期間が一定期間の
定期型
10年更新が多い
保険料は割安。
でも更新が来るたびに
保険料UP
保障期間が一生涯続く
終身型
保険料は高めだけど
一生涯保障を受けられて
とにかく安心～☆
あっ、だったらこの保険あと3年で更新だから…
今の保険料5000円
3年後6000円に!!
お守りで持ってて次の切り替えの時にやめようかな？
いやいらない

ハッチーさんには悪いけど
お守りにもならないわ…
ガーン！
そんなにまで
いらないですか
この保険～!!
まっいーじゃん
保険の見直しができて
一歩前進じゃん
うう…
そ…
そうだけど…
7年近く
払った額
考えたくない…
ずーん
その時夫の脳裏には
毎月払い続けた保険料が
走馬灯のように浮かんだ
という…
もう少し保険の
話するから
しっかり
聞いて
参考に
してね！
家計診断の
ゴールは
すぐそこよ！
ハイッ
深田さんのレクチャーは
いよいよ
エンディングへ…!!

保険って、どんなものがあるの？

死亡保障がついた主な保険

定期保険

保険期間は一定で、その期間に死亡した場合に保険金を受け取れます。
一般的に掛け捨てと呼ばれていて保険料が安く、
更新によって保険料は上がっていくのが一般的。

終身保険

一生涯死亡保障が続き、死亡した場合に死亡保険金を受け取れます。
定期に比べると、ちょっと割高ですが、
途中でやめた場合には解約返戻金があります。

変額保険

保険料の運用実績に応じて保険金額が変動する保険です。
運用実績によって、受取額が変わり、投資による収益が期待できる一方、
損失も契約者の負担となります。ただし死亡の場合は、
運用実績が悪かったとしても「基本保険金額」は最低限保証されます。

収入保障保険（生活保障保険）

死亡した場合、契約時に定めた保険期間満了時まで、
遺族が年金を受け取れます。ちなみに「所得補償保険」は病気やケガで
仕事ができなくなった場合の収入減を補う保険のことをいいます。

養老保険

保険期間中に死亡した場合には死亡保険金を、
満期時に生存していたら満期保険金を受け取れますが、
超低金利時代には、魅力を発揮しない商品です。

＊このほかに、病気・ケガに備える医療保険や、介護に備える保険、老後に備える個人年金保険、こどものために備えるこども保険などがあります。

6章

親まかせの保険、どーする?

深田さんによる
保険のレクチャーは
いよいよ核心へ…
保険ってね…
お守りにしちゃったら
辞められなくなるのよ…
ふう…
ましてやこれ
満期になってお金が
出るやつじゃないし
ほー
だったら自分の口座の
貯金を毎月５０００円
増やした方がいい!!
5000
毎月５０００円貯金するとして
さっきの積算で言ったら
1年で6万円
10年で60万円
貯金!!
すご〜い!!
なのよ!
でも保険に入ってたからこそ
助かることもありますよね？
いざって時に
助かる〜
10000
ちょっと
粘ってみる

Ⓐ 毎月5000円、10年間保険料を支払った場合

☆病気にならなかったら…

10年払い続けた保険料**60万円**は

捨てたお金に…!!

☆病気になったら…

保険金の支給がある！

1週間の入院でも…

1日5000円支給×7日＝合計支給額**35000円**

＋手術したら約10万円〜

（保険の種類によってちがうけど…）

Ⓑ 毎月5000円、10年間自分で貯金をした場合

☆病気にならなかったら…

毎月5000円×12ケ月
＝年間60000円 ⇨ 10年間で**60万円**の貯金が…!!

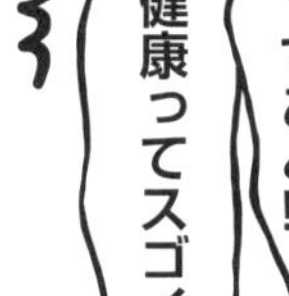

☆病気になったら…

この貯金を治療に使う!!

がんになって半年通院してもかかる治療費は

月25000円×6ケ月＝治療費総額**15万円**

貯金60万円−治療費15万円＝**残金45万円**

もちろん自由に使えるお金！

だったら保険やめて貯金しとくのもひとつってこと!?
60万円～☆
そういうことだよね!?
貯金は貯金で今のペースで続けて
毎月5000円
つみたてNISA
貯金以外でも、その5000円で投資を始めるって選択肢もあるわよ
投資!?
この保険を解約してできた5000円をつみたてNISAにあてたりね
今だと投資の税金優遇制度に「一般NISA」と「つみたてNISA」っていうのがあって
一般NISA《ニーサ》
少額投資で、儲け分にかかる税金が非課税になる制度。
つみたてNISA《ニーサ》
少額からの長期・積立・分散投資を支援する非課税制度。
あとは「iDeCo」っていう自分で運用する年金制度もあったり
iDeCo《イデコ》
個人型確定拠出年金
毎月一定の金額を積み立ててその資金を運用し、老後の備えをする公的制度。
ハッチーさんこういうの興味あるなら調べてみて～

一般NISA、つみたてNISA、iDeCoですね!?
調べてみます
ウキウキ
夫も男…
チラ…
投資って言葉に少なからず高揚してるな…
さっきの保険見直しのショックはどこへ…
オレの5000円〜
次はナオコさんの保険の見直しね
ナオコ's保険
・終身保険
・個人年金保険
・組立総合保障保険
必要な保障を特約で組み合わせてる
わりとしっかり入ってるのね。毎月の保険料大変じゃない?
○×保険
もじ
もじ
実は私が若い時に母が手厚いやつをってチョイスしてくれたやつそのままにしてて…
あら
あの子にまかせてたらなんにもしないから!!
さすが母大正解!!
恥ずかしながら毎月の保険料も
えっ
うそっ!!
母が払ってくれていてそのまま今もズルズルと〜…
そーなの!?
まかせておけない…
ぼ

さっきまでオレの保険あれこれ言ってたのに!?
こんな45歳ですみませーん
まさかの親まかせ!?
ま、まぁそういうケースもあるわね
う〜ん…この保険言うほど手厚い内容じゃないんだけど…
ええっそうなの〜!?
ガーン
○×保険
お母さんがナオコさんのために入ってくれているなら辞めるのもねぇ…
仕事不安定だし独身も長かったんでめちゃくちゃ心配されてたみたいで…
私もついそのままにしちゃってて〜
まぁナオコさんのことが心配でしょうがないって言ってる間はこのままで行きましょう
ただ見直しのタイミングとしては
ナオコも結婚したんだからそろそろ自分で管理しなさい
って話になったら
今までありがとう!!
って言って引きついでその時内容を見直ししましょう
フムフム

それ以外のタイミングは そうね…
お父さんがもし 亡くなったら…
自分で払うわって お母さんに言って 引きついでもいいわね
おーい 元気かー?
父が亡くなる…?
そういうこともあるんだな…
そっか…
巨人と卓球が スキな77歳
ズキン…
今まで保険のこと なぁなぁで 来ちゃったけど…
いつまでも甘えてちゃ いけないなって 今初めて思いました…
お父さんが亡くなったら お母さんもお金が 必要になるしね
その時はまた 見直しの 相談に来て!
うんうん
ハイ!!そうします～!!

というわけで家計診断はこれにて終了～
お金のことを相談できてよかったですね！
ハイッ!!
なんとなくわかったかしら？
いや～…お金って貯められないって思ってたけど…
ちゃんと道筋を考えれば貯められるってわかりました！
私と会ってこうやってお金の話もしたんだから　去年の貯金額がマストよ～♪
「残ったら貯金」じゃなくて　これからはもっと意識的に貯金するようにします～
コクコク
そうね、去年貯めた金額を今年も貯めるぞって気持ちでね
1000円×12ケ月…
積算
キャッシュフロー
保険見直し
やみくもに不安がるんじゃなくていろいろ知っておくことが大事よ
もう大丈夫ね♪

帰ったら保険解約して
つみたてNISAとかも
調べてみます〜!!
将来
お金のこと
老後
ペカ〜ッ
まだまだお金初心者だけど
これからのことが
すこ〜し見えてきた
気がします！
お金のことってどうすれば
正解なのか誰からも
教わらないまま人生が
進んじゃうから
わ〜
お金のこと
どうしたら
いいの〜？
ライフプランを考えた時
私みたいなファイナンシャル
プランナーに相談する
意味があると思うの
今からでも全然
遅くないから
がんばってね〜
ハイッッ
ありがとう
ございました〜
ほんと〜に二人で来てよかった、
家計診断☆
そして帰り道
そういえば…
生活費の負担
一気に2万円
アップか〜…
アハハ〜…
今頃
ショック
受けてる!?
8万円が
10万円…
しっかりして〜っっ

おまけひとこま①

深田さんと雑談中～
私、人の名前とか顔を覚えるのは苦手なんだけど…
相談者の家族構成や勤務先は絶っっっ対に忘れないのよっ!!
家族は…
勤め先は…
コンサルには大事だから
職業病ねっっ
ファイナンシャルプランナーさんってすごい…!!

7章

お金の意識改革!?

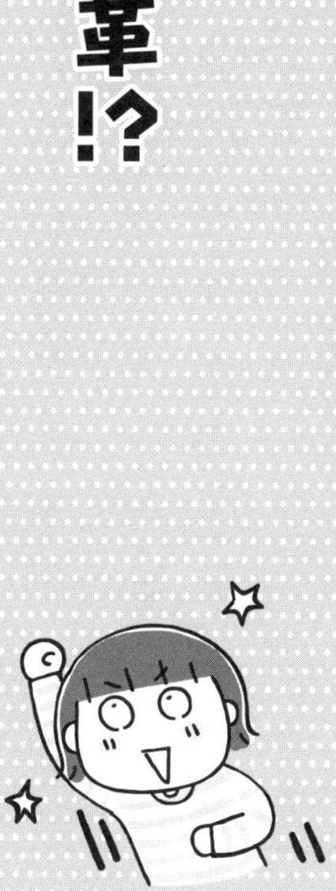

深田さんの家計診断を受けまして
我が家にも変化が…
ハイ!!今月の生活費の10万円
ほくほく♡
確かに預かりました～
サンキュ～～♪
Nooo～
夫の生活費負担が月8万円から10万円にアップしました☆
現実は厳しいぜ…
ず～ん…
家計診断受けてほんとによかった～♪
そして私はというと…
1000円しか安くならないし…
なんて思ってちゃお金は貯まらないわ
びしっ☆
って深田さんに言われたのが心に響き…

ネットの通信費見直ししたわ〜!!
数年前に契約したプランのまま…
・Wi-Fi
・レンタル機器など
毎月約7000円払ってたんだけど…
プラン見直ししたいんですけど〜
使ってないレンタル機器も返却して〜
その結果
ネット通信費毎月約5000円に…!!
なんと一気に2000円のダウン〜!!
毎月2000円も安くなったから
毎月2000円 × 12ヶ月
1年で24000円
お・と・く♡
10年だったら24万円〜!!
お金の話には掛け算が大事って教わったけど…
ほんとそう…!!
思いがけず固定費の見直しもできて気分がいい〜♪
深田さんに言われて気になったことはまだあって…
雑談中〜
そういえばナオコさん小規模企業共済って知ってる？
しょうきぼ…？
小規模企業共済《しょうきぼきぎょうきょうさい》
自営業のための退職金制度って言われているのよ

※正式には中小企業基盤整備機構といいます。

それって77万円プラスってこと!?
557万円－480万円＝
77万円
チーン
中小機構
そんなの銀行に貯金してるよりいいじゃ〜ん!!
いや待てよ…
実際毎月2万円よけとかないといけないのってちょっと不安だな…
ハッ
しかも20年って〜
今のとこ家を買う予定もないし…
子供もいないし…
ナイナイ人生まっしぐら〜
だからこそちゃんと老後にお金とっておくよう心がけた方がいいのかな〜
う〜む…
私が小規模企業共済を調べるのに夢中になってる一方で
月2万円… いや1万円…
ブツブツ
2018…
夫は夫で深田さんのアドバイスを思い出していた

オレ…
つみたてNISA《ニーサ》やりたい…!!
こう見えてもオレは経済とか世界情勢のニュース見るの好きだし
ワールドニュース
株価は…
NEWS
ウム…
株とかも興味ある方だったんだ
あれは忘れもしない結婚してすぐの頃…
3年前ぐらい
投資信託に興味はおありですか?
NISAのパンフどうぞ
ATM
NISA
銀行でたまたまNISAの勧誘を受け…
NISAか…
投資はいつか始めてみたかったし…
老後のお金にいいかもだし…
やってみようかな
フフフ…
ただいまー
さっき銀行でNISAのパンフもらったよ
NISAって知ってる?
投資信託なんだけどー
はじめてのNISA
オレ始めてみようかなーって思…

えー
私 株とか投資とか そういうのなんか キライなんだよねー
うさんくさくなーい?
グサ
グサ
グサ
グサ
グサ
グサ
ガーン
できたらやらないで ほしいな〜
いつもはたいてい
いいんじゃなーい?
チラッ
って賛成してくれるのに…!?
……
投資とか訳わかんないコトやったら離婚ねって目…
これはマジだ…!!
あー うーん そうかー はははー
じっ…
そして話はうやむやに…
はじめてのNISA
あれから3年…
深田さんの話を聞いたら
フタしてたNISAへの気持ちがあふれてきたよ…

こないだ深田さんに言われたこと覚えてる…？
ハッチーさんにはつみたてNISAがおすすめよ♪
あー
オレほんとに始めてみようかなって思ってるんだけど…
どうかな？
ドキ
ドキ
そうそう、私もつみたてNISA少し調べてみたけどけっこうよさそうだよね!!
つみたてNISA
金融庁の基準を満たした投資信託商品しか購入の対象になっていない
これ知ってた？
えっ何!? どーしたの急に!?
前すごく反対してなかった!?
いや〜深田さんの話聞いたら自分がお金のことといかに知らないか思い知ってさ〜
今までは…
投資
身の破滅
破産
トクするのは一部の人だけ
って思ってたけど…
無知のおそろしさよ…
そして今
そうでもないのかも…？
お金の本
少し変化が…!?
ナオちゃん…!!

オレの生活費負担2万円アップしちゃったけど…
家計診断受けてよかった…!!
じーーん
ってかさ〜
私小規模企業共済すすめられたじゃん?
いろいろサイト見てみたらそれとiDeCo《イデコ》両方やるのがベストってあってさ〜
あっうん
どっちも節税になるらしくって〜
iDeCoは60歳まで引き出せないってやつで〜
ベラ
ベラ
小規模企業共済は退職金がわりに最適なんだってー
ほら私退職金ないしさ〜
ベラ
ベラ
老後のお金によくなーい?
小規模企業共済に月2万円
iDeCoに月1万円かけちゃおっかなー
オレには昔いろいろ言ったくせに…
自分は一人でそこまで調べちゃって…
フッ…
なんかひどい…
とりあえず我が家のお金への意識は
よーーし!! オレつみたてNISAするぞ〜
確実に変化の時が来たようだ…

つみたてNISA、一般NISA、iDeCoの特徴は？

ハッチーが気になってるのはコレ！

種 類	つみたてNISA	一般NISA	iDeCo
対象年齢	20歳以上	20歳以上	60歳未満
お金を出して非課税で運用できる最大期間	20年	5年 （※ロールオーバーあり）	60歳まで （運用は70歳まで延長可能）
年間の非課税枠	40万円	120万円	加入者の属性によって違う （会社員14.4～27.6万円 自営業81.6万円 など）
最大（総額）の非課税枠	800万円	600万円	加入者の属性によって違う
節税について	運用で得た利益は非課税	運用で得た利益は非課税	運用で得た利益は非課税。掛金分も全額所得控除。受取時にも控除あり
投資対象	一定の条件で決められた株式投資信託、ETF	上場株式（国内・海外）、株式投資信託、ETF、リートなど	定期預金、保険、投資信託
方 法	積み立て （年２回以上可能）	積み立ても一括購入もOK	毎月の積み立て （年に１回でも可能）
出 金	自 由	自 由	原則60歳以降

※ロールオーバー…5年の非課税期間終了時に、新たな一般NISA枠に運用してきた商品を移すことを言う。これによりさらに5年非課税で運用することができる。

8章

自営業は年金だけで大丈夫!?

東京都渋谷区
ダイヤモンド社
DIAMOND
編集部木村さん
深田さんの家計
診断から少し
たつけど…
フカザワさん　その後
何か変化あったかな…
トゥルルルル〜
ガチャ
ハイッ
もしもーし
木村ですー
その後
いかが
かなーって
ごぶさた
してまーす
お金の考え方
とか変わって…
あぁーっっ
木村さん!!
こちらこそ
ごぶさた
してますっ
お金っていうか
ちょっと今
困ってて〜
どーしました？
何かでフリーランスは
小規模企業共済と
iDeCoをダブルで
やった方がいいとか
聞きかじっちゃって〜
小規模企業
共済 月2万円
20年続けたら…
iDeCoを
60歳まで
月1万円
積み立てて…
お金の
計算楽し〜
気づいたら　毎日
サイトのシミュレーション
ばっかりやっちゃうんですー

仕事が全然進みません～
そんなことになってたなんて…
ハッチーさんはどうですか？
夫はつみたてNISAやる気満々で本読んだり勉強してるみたいなんですけど～
つみたてNISAの本↓
また寝てる!!
仕事して帰宅したら激沈～
私が本の担当をしてるファイナンシャル・ジャーナリストの竹川美奈子さんっていう方がいらっしゃるんですけど
つみたてNISA
はじめての「投資信託」入門
まさにつみたてNISAとかiDeCoの本も出してる専門家で…
一度ご夫婦で竹川さんのお話聞いてみるのもいいかも？
わ～!! ぜひぜひお願いします～
ってことで竹川さんの事務所に三人で訪れることに
ここでーす
ドキドキ
ドキドキ
お…

ファイナンシャル・ジャーナリストの竹川美奈子です
はじめまして!! 投資やマネープランの講師をしたり、執筆活動もしています
よろしくお願いいします!!
フカザワさん夫婦は家計診断を受けて家計の収支を把握したところなんです
ハイッ
自分は老後のためにもつみたてNISAを始めようかなーって思ってて…
でも何からすればいいかわからなくて〜
私は小規模企業共済をやろうかなぁと…
あと、iDeCoも気になってて〜
なるほど!! まずナオコさんからお話ししていきますね
ナオコさんは漫画家ってことは自営業なんですよね
自営業の人は公的年金だけでは老後資金が足りないから
ぜっっったい何かやった方がいいと思う

自営業の人が公的年金保険でもらえる国民年金（老齢基礎年金）の額は
国民年金
満額
約
78万円
月にして6.5万円!!
ですからね〜
ちなみに満額とは40年国民年金保険料をちゃんと払って、もらえる給付額ってことです
うわっ
20〜60歳までちゃんと年金払わないと満額もらえないんですよ〜
月6万5000円じゃ生活できない〜!!
ガーン
自営業の人が年金に上乗せして何かやるなら
この3つがオススメ!
① 小規模企業共済
小規模企業の経営者や役員フリーランスのための退職金制度
② 国民年金基金
老齢基礎年金に上乗せする公的な年金制度
③ i《イ》De《デ》Co《コ》（個人型確定拠出年金）
自分で運用する年金制度
年金
上乗せしてね!
へ〜!!

iDeCoはちょっと仕組みが複雑なんですけど少しでも勉強する気があるなら
小規模企業共済
iDeCo
この組み合わせがオススメです
運用をしたくないなら
小規模企業共済
国民年金基金
このセットでもいいかな
たとえば毎月貯金4万円しててその半分を小規模企業共済にまわしても大丈夫かなーって…
ちょっと不安〜
ナオコさん確定申告してますよね？
小規模企業共済って確定申告の時掛金を所得から全額控除できるんです
オトク!!
月2万円の掛け金（年24万円）
所得から24万円引ける
その年の所得税が減る
翌年の住民税が減る
全額控除ってこういうことかー
節税もできて
なおかつちゃんと貯めていけるので
中小機構
ほー〜
その4万円の貯金のうち無理のない範囲で小規模企業共済にまわすのイイと思います♪

そして節税できた分は
更に貯金にまわすって手も
ありますよ～
節税
CASH CARD
OO BANK
な…なるほど
ちなみに私は年末調整で
お金が戻ってきたら
なかったものとして
証券口座へ～
即投資にまわしてます
数字上トクした気分
になって、戻った分使って
しまったら何にも
ならないものね～
深田さんも
そうだったけど
貯めるぞって
気持ちで
ビシッ
お金のプロって
意思が強い…!!
小規模企業共済は
iDeCoと違って60歳
以降も本人が働いてる間は
掛け金を掛けられるから
ナオコ60歳
まだまだ
働くわ!!
ナオコさん60歳までまだ
15年もあるし、今から
準備しておくと本当に
違いますよ～
使えるオトクな制度は
極力使いましょ～

あとは私が何歳まで毎月2万円払えるか…ですよねー
今月入金
ゼロ!?
こんな日が来たらどうしよう…
だんだん収入が減ってきたら掛け金減らせば大丈夫よ♪
小規模企業共済
●掛け金の変更OK
●月額 1000円～70000円まで
500円単位で♪
えっ!? そうなんですかー
iDeCoでもそうなんですけど毎月2万円って決めたらずーっと2万円払わなきゃって思ってひるむ人多いんです
10年20年ずーっと2万円払えるのか不安…
ホッ
だけどそんなことはなくてその時の自分のお金事情に合わせて変えていけばいいんですよ～♪
ナオコさんのその心配とは逆に、たとえば本がすごく売れて映画化されることだってあるかもしれないじゃないですか
収入アップ
実写化!!
「毎日がおひとりさま。」
大ヒット上映中!!
ええッ
そんな!! まさか!!

そしたら小規模企業共済の掛け金を満額の月7万円にしちゃえばいいと思う！
老後のお金も貯まるし節税にもなる♪
そっか～♪
さすがベストセラー著者ですね
説得力があります～
えっ
ベストセラー？
著者？
竹川さん初めて出した本が20万部売れたんですよ
投資信託にだまされるな！
㊔竹川美奈子
2007年出版
投資信託にだまされるな！
竹川美奈子
20万部突破
いやー
えええ～
そんなそんなー
すごい～!!
20万部って!!
わ…私ベストセラー出した方に初めて会いました!!
あわわ～
恥ずかしいです～

ほんとあの時は税金もすごくて…
ガーン
住民税
でも稼いだ額以上に税金は来ないですからね
そっか～
ですよね～
そういう時のためにも小規模企業共済って活用できると思うから
ナオコさんもぜひ
!?
20万部って印税1000万円超えるよね…
いやいや1000万円どころじゃないかも…
ブツ
ブツ
ブツ
印税計算して違う世界に行かないで～!!
20万部～ベストセラ～印税ど～んっっ
現実に戻ってきて～
気をとりなおして小規模企業共済の話はまだまだ続く…

9章

長生き家系の選択肢

竹川さんのベストセラー話にうっかり違う世界へ行ってしまった私ですが…
小規模企業共済のメリットはよくわかったから
うんうん
デメリットも聞いた方がいいんじゃない？
確かに…
デメリットっていう点では
どんっ
途中で引き出すと損!!
ですっ
え〜
廃業や老後の受け取りではなく
お金が必要で20年たたない内に引き出したりすると
元本割れ
しちゃうんです
だからそういう時は借りる手もあります！
貸しますよー
払ってきた掛金の7割から9割のお金を借りることができるんですよ〜
しかも低金利!!
無担保!!
だったら安心だなー
へー

そういえばさっきの話にもあったけど
小規模企業共済ともうひとつ何かやるならってやつ…
小規模企業共済
国民年金基金 or iDeCo
どっちがいいか悩むな〜
iDeCoは気になるけど運用しなきゃなんですよね〜
果たして私にできるのか!?
ある程度積み立て投資に興味があって勉強する気があるなら iDeCoがいいんだけど…
うーん
ナオコさん…長生き家系ですか？
えっ
えっ!? どうだろ!?
ご先祖さまー
基本長生きな気がするけど…
ってかそれ関係あるんですか〜
国民年金基金って1口目が終身保険だから一生涯もらえるんです
国民年金基金
加入できるのは自営業やフリーランスといった第1号被保険者のみ
長生きすればすごくお得!!
死ぬまで給付されますっ

国民年金基金のキホン

1口目は終身年金のA型・B型からいずれかを選択します

1口目

終身年金

基本A型	基本B型
65歳 支給スタート （15年間保証つき）	65歳 支給スタート （保証期間なし）
保険料払ったり受け取り始めてすぐに亡くなっても保証期間内なら**遺族は一時金がもらえる**	保証期間がないかわりに**掛け金が安い**

どっちにするか!?

2口目以降は、終身年金のA型、B型のほか、受給期間が定まっている確定年金のⅠ型、Ⅱ型、Ⅲ型、Ⅳ型、Ⅴ型から選択します

それって要するに…
A型
残された家族にお金を…
B型
死んだらそれで終わり～!!
愛が試されるってやつ!?
何その究極の選択!!
残された家族のことを考えるかどうかですよね!?
ナオコさんがどれを選択してもハッチーさんが自分の老後資金確保しとけばいいことだから！
ニコッ
確かに!!
ううっ
う～ん国民年金基金か－
悪くないんだけど…
国民年金が不安要素たくさんだから基金に入っていいのかって疑問もあるんですよね～…
国民年金っていろいろ言われてるけど長い目で見れば一番オトクな制度だと思いますよ
一生涯受け取れる
障害を負ったりしたら障害年金がもらえる
長生きリスクに備えてる☆
インフレリスクにもある程度、対応してるし民間の保険でそこまでカバーしてくれるものはないですからね～

国民年金「保険」なので
あくまで保険だと
思うといいかも？
国民年金
保険
なるほど～
ニュースとか見ると
年金に対して
マイナスなイメージ
しかなかったけど…
支給開始
年齢が
引き上げられ
るんじゃ…？
減額される
かも…
それぱっかりでも
ないんだねー
年金って老後にもらえる
金額だけでみて親の世代と
比べると損した気分になるけど
現状で生きる私たちには
他のどんな保険商品より
お得なのよね
65歳から年間で
約78万円もらえる
長寿家系で90歳まで
生きるなら…
1950万円
もらえる
約2000万円…
長生きすごい!!
ひとまずサイトにある
国民年金基金の加入
シミュレーションやってみます？
ナオコさん
今45歳で…
1口目をB型にして
2口目を65歳から
80歳までもらう
I型にして…
カチャ
カチャ
80
!?
いくらうちが
長生き家系でも
私そこまで生き
られるかな!?
そういえば
ナオコさん知ってます？

女性って今
90歳で2人に1人
95歳で4人に1人
生きてるんですよー
ちなみに男性は…
90歳で4人に1人
生きてる!!
そんな長生きなんですか!?
だから、今ここにいるメンバーで90歳になった時また会おうってなったら
集まれる可能性高し…!!
貯金が〜
年金が〜
オレは死んでる自信ある…
もしかしたら40年後もフツーに生きてるかもしれないの、私!?
先は長いわ〜
だから老後のお金のことを考えておかなくちゃなのね
ナオコさんの国民年金基金の加入シミュレーションはこんな感じね
45歳でこのプランに加入してみたら…
B型1口
I型1口
毎月の掛け金
およそ
18000円
※掛け金の払い込みは60歳までです
《もらえる額》
65歳〜80歳
年 19万円ちょい
(年金に月約15000円上乗せするイメージ)
80歳〜
年 12万円ちょい
(年金に月約10000円上乗せするイメージ)

毎月1万8000円払って もらえる額が月1万 5000円って聞くとちょっと 少ない気もするけど…
終身だから長生きすれば元は取れる!!
ってコトですよね!!
そのとおり
働きざかりの今は月1万5000円かぁって思うかもしれないけど…
10000
5000
老後になってからの1万5000円って全然違うんですよ
小規模企業共済でも国民年金基金でも
バリバリ描いて稼ぐぞっ
今はがんばって稼いで掛け金を増やせるようにするのがベストだと思います
やみくもに一般の金融商品に手を出すんじゃなくて
お得
まずは節税しながら老後資金を作っていける制度を利用しましょう♪
私的にはiDeCo推しだけど♪
小規模企業共済
国民年金基金
お金のことまだまだ勉強中だし…
この2つで将来のこと考えていくかなー
うーむ

小規模企業共済
退職金を受け取るためのもの
（受け取り方も一時金・年金を選択できる）
国民年金基金
年金を受給するためのもの
って感じで性質も違うから自分にはどっちがより重要かよく考えてみてね
帰ったら早速調べてみますー!!
小規模企業共済は絶対やるでしょー
国民年金基金は口数にもよるよね〜
ナオちゃんが納得したものをやればいいと思うよ!!
ってかさ
もし国民年金基金やるならコレにするでしょ絶対
1口目はB型
保証期間ナシ!!
遺族に何も残さない!!
掛け金安い!!
ドキッ
そ…そんなことないよ〜
やだなーもー
別にいいんだよ正直になって…
人生設計ってシビアですよね…
でも大事なコトよね〜
まさか国民年金基金のプランで愛が試されるとは思わなかった私でした…
帰ったらゆっくり考えまーす

小規模企業共済制度って、どんな制度？

Q1. 小規模企業共済とは？

小規模＝小さい会社や、個人事業主のために、国がつくった「経営者の退職金制度」です。掛金を積み立て、仕事を辞めたときにその掛金が退職金としてもらえます。

Q2. 加入資格は？

小規模な会社（建設業や製造業、農業などは20人以下、商業・サービス業では５人以下）の会社の個人事業主や会社の役員。フリーランスも、もちろん含まれます。ただし、複数の事業を行っている場合は主となる事業で加入すること。

Q3. どこで申し込みをするの？

中小機構と契約している銀行や、最寄りの商工会、商工会議所などで申し込みができます。ゆうちょ銀行や外資系銀行ネット専業銀行は申し込みできません。

Q4. 掛金はいくら？

掛金月額は1000円から７万円まで500円刻みで、自由に選べます。半年払や年払もOK！掛金は、途中で増額・減額ができます。また、掛金は全額所得控除扱いとなります。

Q5. メリット＆特徴は？

掛金が全額所得から控除されるので、所得税や住民税などの節税になる。受け取り時も税金の優遇が受けられる。さらに資金繰りに困った時にお金が借りられる。仕事をやめた場合は掛け金より多い共済金を受け取れるのでおトク。ｉDeCo（個人型確定拠出年金）などと違って、自分での運用はしないので、投資がわからない人でもOK！

退職金のないフリーランスは
加入した方が良さそう〜！

2019年１月現在、利率は１％

10章 つみたてNISAを始めたい！

さぁ次はハッチーさんの話をしましょうか！
ハイ!!
つみたてNISAを検討してるんですよね
いらない保険を解約して浮いた5000円をつみたてNISAにあてようかなって
保険料 月¥5000
解約
つみたてNISAに…
NISA気になってたんです〜
そうなるとハッチーさんが運用担当ってことですね
一家の資産運用業務の最高責任者
すなわちCIO!!
Chief Investment Officer
オレが…CIO…!!
ぽ〜
夫婦でもどちらかは運用した方がいいから役割分担できますね
ナオコさんが検討してる小規模企業共済や国民年金基金も
もちろん貯金も!!
インフレ
インフレになったらお金の価値が下がってしまうリスクがあります

もしインフレになったりした時のために
つみたてNISAなどで株式に投資する投資信託といった金融商品を保有しておく
と、いうのが重要です
株はインフレに強いし投資信託なら海外の株式にも投資できますからね～
へ～
ほ～
企業年金のない会社に勤めている人は余裕があれば
つみたてNISA
＋
iDeCo
両方やるのがいいかも♪
つみたてNISA
☆投資できるお金の上限は年間40万円
月約3万3000円
☆いくらからできるかは制度上決まってなくて金融機関次第
ネット証券だと100円から始められるとこも！
iDeCo
個人型確定拠出年金
☆月5000円（年6万円）から始められる
☆上限は企業年金のない会社員だと年間27万6000円
月2万3000円
竹川さん'S オススメポイント
両方を上限まで利用すると毎月約5万6000円
それだけでも十分資産形成できると思います！
フムフム～
結婚したら保険に入るんじゃなくてつみたてNISAとiDeCoに入って運用するのもいいですね～

※金融機関によってはETF（上場投資信託）も買える

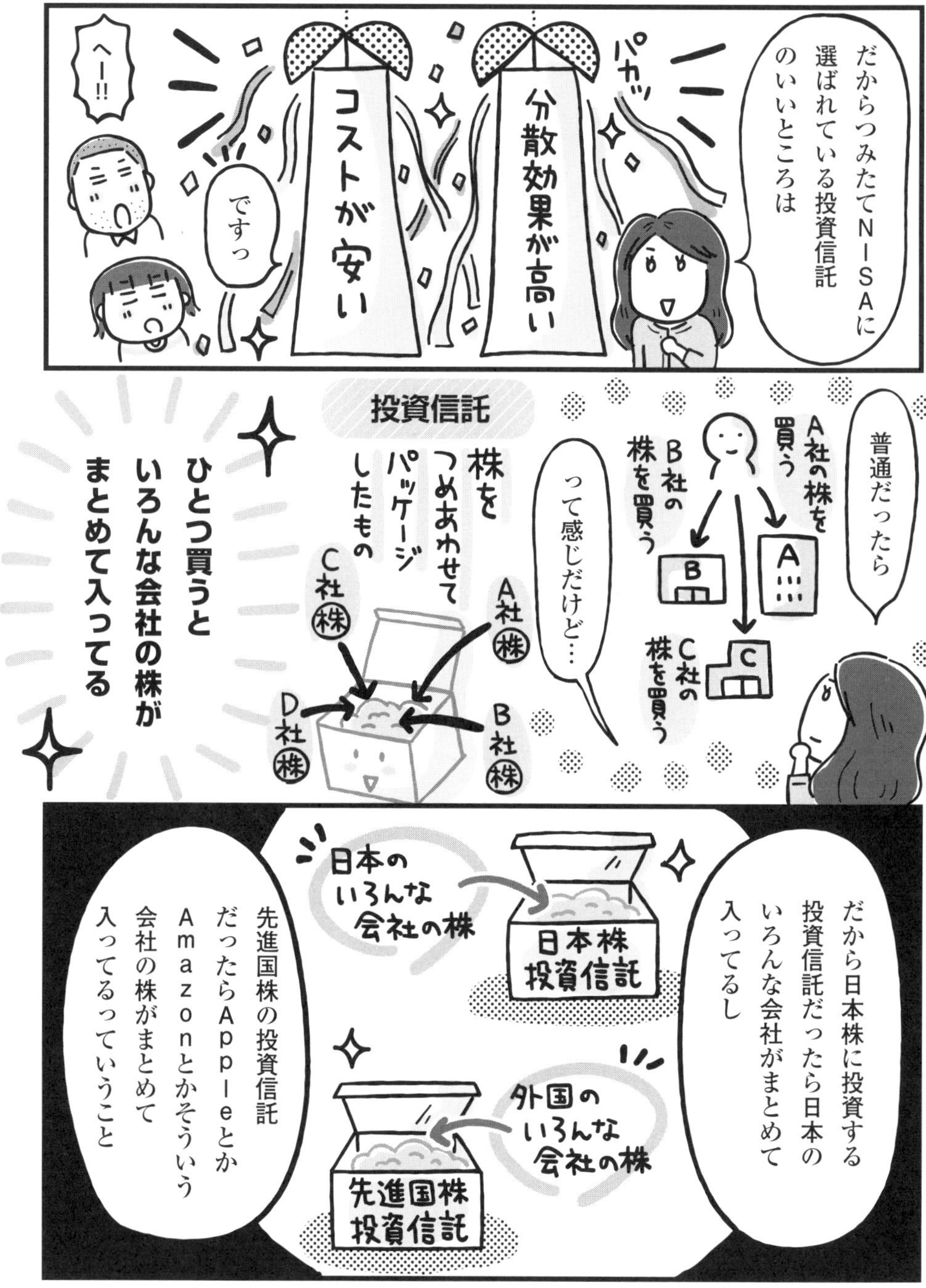
だからつみたてNISAに選ばれている投資信託のいいところは
パカッ
分散効果が高い
コストが安い
ですっ
へー!!
普通だったら
A社の株を買う
B社の株を買う
C社の株を買う
A
B
C
って感じだけど…
投資信託
株をつめあわせてパッケージしたもの
A社株
B社株
C社株
D社株
ひとつ買うといろんな会社の株がまとめて入ってる
だから日本株に投資する投資信託だったら日本のいろんな会社がまとめて入ってるし
日本のいろんな会社の株
日本株投資信託
外国のいろんな会社の株
先進国株投資信託
先進国株の投資信託だったらAppleとかAmazonとかそういう会社の株がまとめて入ってるっていうこと

※指数については 108 ページ参照

もしAppleストアに行って混んでても…
めっちゃ←待たされてる
私たちオーナーのためにがんばってくれてるんだわ
スタッフの皆さんおつかれさまです…!!
って思えるからイライラしないんですよ～
優しい気持ちになれる投資信託素晴らしい…!!
投資信託の買い方には…
自分で3本組み合わせるなら
日本株と先進国株と新興国株
経済水準はまだ低いけど将来成長する可能性のある国々
自分で2本組み合わせるなら
日本株と日本を除く世界株
1本で全体を買うなら
日本を含む世界株
基本は世界の株にまるごと投資したいので　こんなパッケージがあります
選択肢いろいろあってなにげに悩みそうだなー
日本株…
先進国株…
新興国株…
一番ラクなのは何ですか!?
もーちんぷんかんぷん～
そうですね～

日本も含めて47ヶ国の株にまとめて投資できる投資信託
とにかく1本で世界の株に投資できるので
全世界株式が一番ラクかな〜
MSCI オール・カントリー・ワールド・インデックス
FTSE グローバル・オール キャップ・インデックス
といった指数に連動する投資信託を買うと１本だけでＯＫ♪
自分で組み合わせを考える必要もないし
一番手軽〜
投資初心者にはいいってことですよね!?
それが投資上級者もこの方法に戻ってくるんですよ
ええ!?
なぜ!?

みんな株とかやって
いろいろ失敗もして…
ハッ…
やっぱり無難に
平均をとっていくのが
一番いいの
かも…!?
って
戻ってくる
人も多いん
です〜
うんうん
それって…
散々いろんな人と
恋愛して…
やっぱり
オレには
オマエだけだ!!
インデックス
投信の
積み立て♪
もう
浮気は
しないよ!!
結局元サヤに
戻るようなもん
ですかね〜
投資の世界の意外な
一面を教えてもらった
ところで
投資上級者って
冷静沈着で
デキる人って
イメージあるけど
案外かわいい
とこもあるん
ですね〜
たしかに
そうね〜
竹川さんの投資信託
レクチャーは続く!

104ページで出てきた

指数ってなあに？

指数とはインデックスともいいます。
市場全体や、ある特定のグループの会社の株の動きを
表したもので「モノサシ」のようなものです。
この指数（インデックス）と連動する動きを目指す投資信託のことを
「インデックスファンド」といいます。
いろんな指数がありますが、下記に代表的なものをご紹介します。

日　本	・日経平均株価 ・TOPIX（東証株価指数）
アメリカ	・NYダウ平均 ・ナスダック総合指数 ・S&P500
中　国	・上海総合指数
香　港	・香港ハンセン株価指数
欧　州	・FTSE100種総合株価指数 ・ドイツ株価指数
全世界	・FTSEグローバル・オールキャップ・インデックス ・MSCIオール・カントリー・ワールド・インデックス
先進国	・MSCIコクサイ・インデックス
新興国	・MSCIエマージング・マーケット・インデックス

＊上記で紹介したのは株価指数ですが、債券のインデックスやリート（上場不動産投資信託）のインデックスもある。

11章 今日が人生で一番若い日

竹川さんの話を聞き投資信託のことが少しわかってきた私たち
少額でも世界の株が買えるなんてすごいね！
株へのハードルが下がるね！
ですよね〜
あ…ただね…
株なので短期的には変動しちゃうんですよ
どーん
実際リーマンショックの時とか**半分くらい**になったり…
ギャー
で・す・よ・ね〜!!
やっぱり投資ってそういうのがあるからこわいなーって!!
でもコツコツ積み立てると
これまではマイナスになったりしたことは少なかったんですよー！

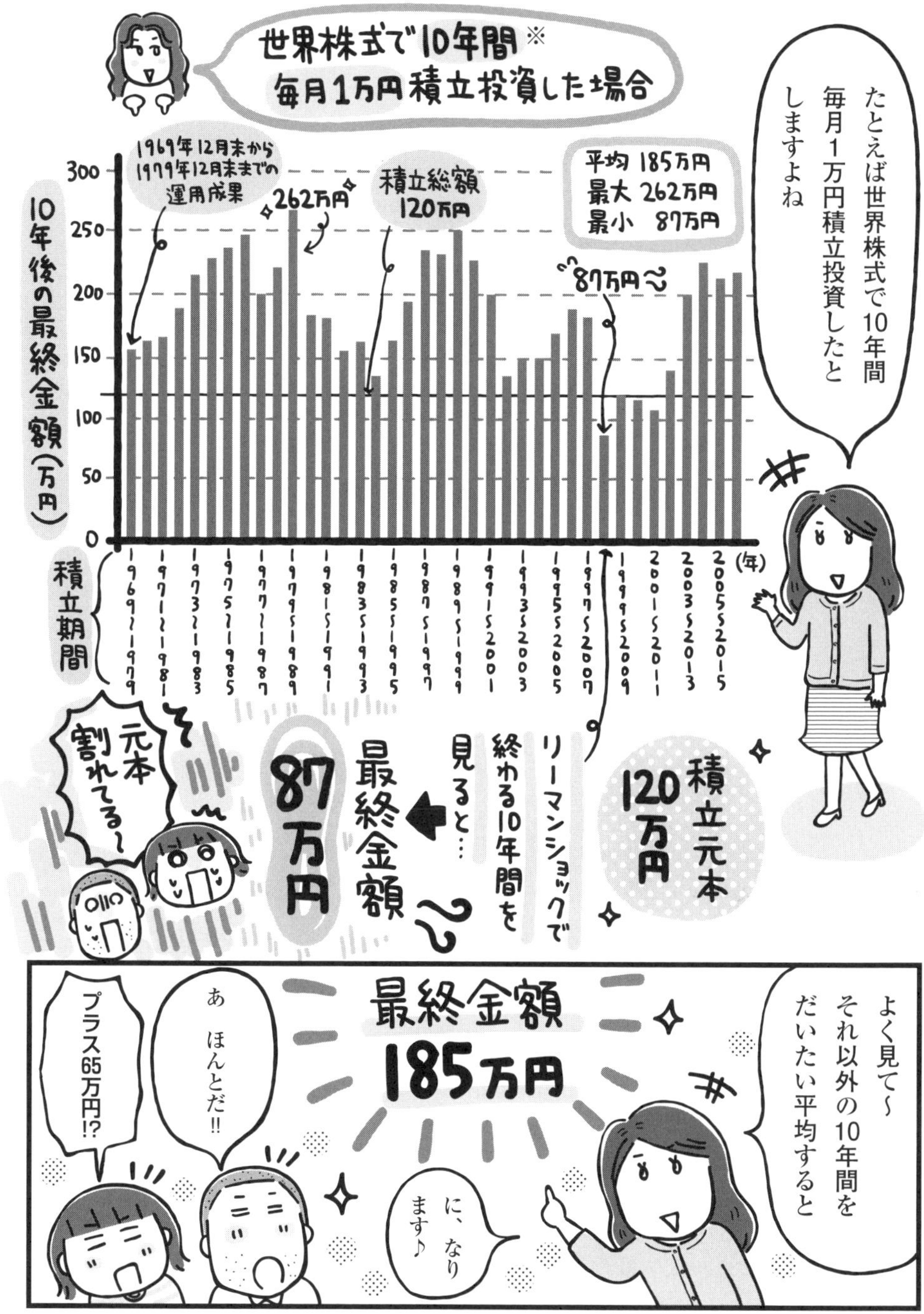

※データの出典と詳細は 120 ページ参照

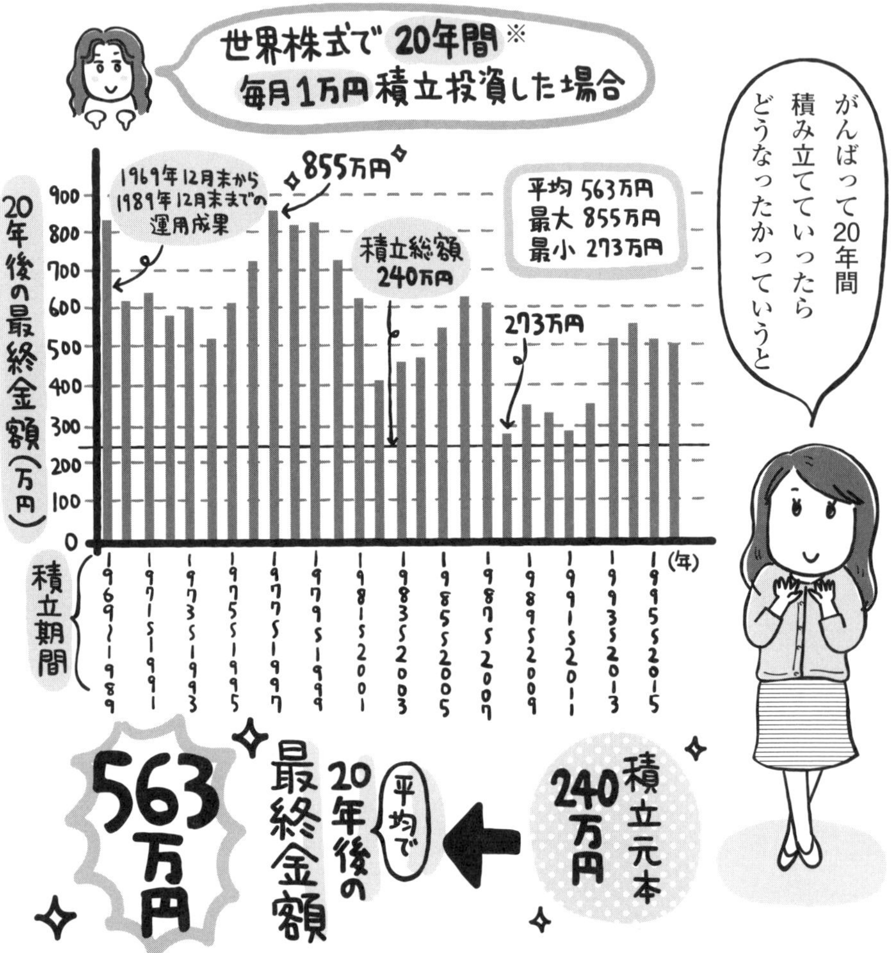

※データの出典と詳細は 120 ページ参照 ©2018 イボットソン・アソシエイツ・ジャパン株式会社

一番伸びなかった20年間でも元本割れはなくて273万円になって少しは増えたし
1988～2008年
積立元本
240万円
最終金額
273万円
貯金してるよりはいいかなって♪
みなさんの公的年金の一部を運用している機関でも
先進国の株のパッケージを長期的に持てば…
4%ぐらいのリターンは期待できる!?
フム…
って思ってるんですよー
一番やっちゃいけないのは定年したお父さんとかに多いんですけど
退職金を投資にあてて
￥
ドカンと当てるぞ!!
って言って1～2年で結果出そうとすることですよね
いや～誰か止めてあげて～
短期間でドーンと上がるなんて無理だから結局大損して元本が半分になっちゃったりして～
それはもう投資っていうより
ギャンブルよね
オレ退職金あるかわかんないけど気をつけよ…

投資信託の説明をもう少しすると
株だけの投資信託だとどうしても変動が大きくなっちゃうんで
バランス型
っていうのもあるんです!!
債券
株
バランス型
債券
不動産
株
バランス型
バランス型の主な特徴
株以外にも分散投資するので変動は小さくなる。
つまり その分 値上がりも小さくなる!!
へ〜
手堅いっちゃ手堅いのかな〜
10年20年積み立てられるなら株だけの投資信託もいいと思うけど、よく考えてみてね〜
そういえば!!
私、毎月の児童手当の1万円で投資信託買ってるんですよー
子供名義で♪
わ〜悩む〜どーしよ〜
「株100%」と「株50%、債券50%」(バランス型)の投資信託が2つあって最初迷ったんですけど
子供の将来の大学資金に!!
株100%
or
株50% 債券50%
うーん どうしよう…
結局両方やってみて…
あー、どっちも5000円ずつ積み立てよ

木村さんの投資信託リアル状況
子供の大学資金にそれぞれ毎月5000円ずつ積み立ててます!
〈2012年→2018年〉
投資金額
評価金額
損益
A商品（株50%、債券50%） 39.5万円 約54万円 ＋約15万円
B商品（株100%） 39.5万円 約76万円 ＋約37万円 UP
6年半たったらバランス型より株100%の方がガツンと上がったんですー
大学入るまでまだ何年もあるしもっと差が開いちゃうかもー
お〜
ほんとだ〜!!
まぁそれでも株100%の方は一時期はだいぶ下がった時もありましたもんねー
やっぱり変動は大きいのか!!
でも下がってる時に買えば上がる時はググッと上がりますからねー
ちなみに投資信託の単位のことを「口数」って言うんですけど同じ金額ずつ買って行くと安い時の方がたくさん口数買えるんですよ
デパ地下のサラダと同じ
××サラダ 100g1000円
○○サラダ 100g500円
100g500円の方がいっぱい買える
1000円分買ったら…
ちまっっ
もりっっ

最終的に資産評価額がいくらになるかっていうと…
価格×口数
イコール
評価額
です
つまり、たくさんの口数をためられているとGOOD!
だから投信の価格が下がっても…
今私は口数たくさん買いためてるんだ…!!
って思って心落ち着かせてね♪
リーマンショックがあっても今は、それ以上に上がっているわけだし
やめないことが大事
安くなってる時も売らないようにガマンしましょう〜
お〜
販売会社の人に聞くと積み立てを長くやってる人は経験豊富だから
株価が下がってきたな…
ってことは買い時だから
今のうちに買っとこ!!
って買い増しする人が多いらしくて
なんとか危機とかあると注文が増えるんですって
今がチャンス!!
上がったり下がったりを経験してるからできるんだろうな〜
すげ〜

よくないのは下がったらすぐ売っちゃって
それからまた上がったら
やっぱり持っておけばよかった〜
また買おっ
一喜一憂しちゃだめなんですね…
気持ちはわかるけど…
とはいえ最初は価格の下落は気になっちゃいますけどね
でも慣れてくるから!!
半年もたつと全然動き見なくなりますよ〜
ええっ
そんな感じでいいんですか!?
投資信託は一回積み立て始めたらあとは勝手に進んでいくから
暮らしの中に取り入れて続けて行くっていうスタンスでね
なぜなら日々仕事して稼ぐことの方が大事だから!!
確かに〜!!
投資に夢中になって肝心の仕事がおろそかになったら本末転倒ですもんね

ナオコさんが検討してる小規模企業共済は年に1回掛け金の納付状況のお知らせが来るから
小規模企業共済
今このぐらい貯まってます!
おっ
夫婦で年に1回お互いの金融資産の情報公開してみるといいですね
年に1回届くねんきん定期便には、50歳以上になると将来もらえる年金の見込み額が書いてあるので
ねんきん定期便でーす
年金払ってる人に年に1回届きまーす
50歳オーバー
どれどれ〜
いくらもらえるんだろ〜
小規模企業共済も含めて何歳からどれくらいお金が受け取れるか、どういうもらい方をしようか、など話し合ってみてくださいー
50歳ならリタイアするまでに10年以上あるから
私小規模企業共済の掛け金増やすわ
オレはつみたてNISA1万円増やすよ!
って見直したりして50歳まではとにかくガッと稼いでがんばって!
50歳までガッと稼ぐ!?

オレあと8年か～けっこうすぐだなぁ
そんなこと言ったら私あと5年だよ！
やっぱり私たちお金のこと考えるの遅かったかも～
今からやっても
もっと早く知ってれば…
って悔やむよりも
ずーーーん
カシャッ
ニカッ
写真と一緒で今日が人生で一番若い日と思ってやり始めてみて
今日が一番若い日か…
そっか…
しみじみかみしめる42歳と45歳
あとは健康で長生きして
公的年金なるべくたくさんもらいましょー
たしかに～
竹川さんによるお金の話はいよいよラストへ～☆

111ページ
112ページで
出てきた！

グラフの詳細説明

各月の月末に１万円ずつ、世界株式に投資した場合の運用成果を示しています。

Q 世界株式とは？

この場合は、MSCI ワールドという指数のことで（指数については 108 ページ参照）、日本を含む主要先進国の株式を対象としています。
先進国 23 カ国に上場する大・中型株を対象にしており、2018 年 4 月末現在、1648 の銘柄で構成されています。先進国の株式市場の動向を知るためによく利用されている株価指数の一つです。

Q 23カ国を詳しく知りたい！

北米地域：米国、カナダ
欧州＆中東地域：オーストリア、ベルギー、デンマーク、フィンランド、フランス、ドイツ、アイルランド、イスラエル、イタリア、オランダ、ノルウェー、ポルトガル、スペイン、スウェーデン、スイス、英国
太平洋地域：オーストラリア、香港、日本、ニュージーランド、シンガポール

＊データの出典について
111 ページ、112 ページの図はⒸイボッソトン・アソシエイツ・ジャパン株式会社で、著作権等、すべての権利を有する同社から使用許諾を得ています。また図は竹川美奈子著『改訂版　一番やさしい！　一番くわしい！　はじめての「投資信託」入門』引用、作成したものです。

12章

投資信託を勉強しよう

つみたてNISAの話も大詰めへ
つみたてNISA始めるには証券会社に口座を開設するんですよね～
証券会社もいっぱいあって迷うな～
働いてる人ならやっぱりネット証券が始めやすいかも
ネット証券
ネットで口座を開けばすぐ始められるし
それこそ100円から買えるし
つみたてNISAの対象投資信託※
代表的なところでは楽天証券とSBI証券ですね
SBI証券 楽天証券
取り扱い本数 155本 150本
取扱い本数が多いんですー
楽天で買い物する人ならポイントも投資信託に使えるから楽天証券にしてみるとか
投資信託
自分の生活圏で決めるとムダがなくていいんですよー
楽天のカード持ってるし楽天もいいな～

※ 2019年1月末現在

未経験だと情報収集も大変だと思うけど『ファンド・オブ・ザ・イヤー』のランキングも参考になると思いますよー
投信ブロガーが選ぶ!
Fund of the Year
http://www.fundoftheyear.jp/2018/
証券会社の宣伝に惑わされず自分で調べた情報でブログを書いてる投信ブロガーたちが、いいと思う商品に投票して
その結果をもとに順位を発表しています!
私もボランティアで運営をお手伝いしています〜
消費者側の視点でその商品を選んだ理由も載ってるのでわかりやすいかも
売れたランキングじゃなくて
クチコミランキング
です
クチコミのランキング?
あんまりピンと来てない
ハッ!!
あれです@cosmeみたいなものです!!
〈コスメ・美容の総合サイト〉
@cosme《アットコスメ》
コスメのクチコミランキングが人気!!
あ〜!!
えっ?アット…?
投資信託にもそんなサイトあるんですね〜
おもしろ〜い♪
@cosmeはよくわかんないけどファンド・オブ・ザ・イヤーはチェックしてみよ〜

10年15年とコツコツ1万円ずっとか積み立ててきて
やっててよかった〜!!
っていう人が最近ようやく出てきて
そういう人たちのブログや本を参考にしてみるのもいいですよ〜
株価が下がった時にどうしたらいいかも経験者なのでコツとかよくわかってますよね
参考にしよ〜
株価が下がった時と言えば
そういう時に他のものが上がって話題になってたりすると
仮想通貨がアツい
時代は不動産投資
今度はこっちだ〜
ポロッ
株
って感じで乗りかえちゃう人も多いけど　そういうのはやらない方がいいですよね
ローリスクハイリターンなんておいしい話はないですからね…
つみたてNISAに慣れてきたら更に個別の会社の株を買ってみたりってのもアリですしね
企業
私もそれでカゴメの株持ってるんですよー
木村さん投資信託以外に個別の株も持ってるんだ!!
やっぱりお金の本の編集者はすごい…!!

株主優待っていって
株主にトマトケチャップや
自社商品が送られて
くるんですよー
カゴメ
どうぞ～
また来たよ!!
うちの子たちが
お歳暮が
来たかのように
喜んでて～
あ～
いいですねー
そういうの～♪
オリエンタルランドの
株を買ったら
ディズニーランドの
ワンデーパスが
送られてきたりね
PASS
わ～い
やった～
米
ひきかえて
もらった～
P
お金を増やす以外にも
そういう楽しみ方
してる人もいますね
ただし投資信託の
積み立てなどの
メインがあった上で
プラスアルファ
の位置づけ
だと思った方が
いいかも
何度も言うけど
株はすごく下落したり
リスクが必ずあること
だけは忘れないで!!
私クックパッドの株
持ってるんですけど
社長が変わってから
株価が激下がりで…
今マイナス8万円
なんです～
ズーン
木村さんいろいろ
経験してるな!!

業績見たり株価見たり勉強はやっぱり必要ですよね
海外旅行とか行くと
円高でラッキー♪
って思っちゃうけど…それればかりではなくて…
もしも…
海外株に投資する投資信託に投資してると…
円高は基準価額が下がる要因のひとつ!
家庭内CIOとして投資を前向きに考えてみてね
ハイッ!!
まずはいらない保険解約してつみたてNISA始めてみますー
CIO
お金のことって知らないと不安だけが募って必要以上に保険入っちゃいますからねー
将来が不安し
保険
とりあえず入っとこ!
ちゃんと将来につながるお金の道筋を作っていきましょう!!
こうやっていろいろ勉強しないとまた保険に入っちゃうとこだったかもね
FPの深田さんとこの家計診断で
今入ってる保険の見直ししてもらったんですけど〜
これいる
これいらない
ですよね〜
あらそうなの〜

夫の入ってる保険がまだ他にもあったことがその後判明しまして…
まだあった…保険証書〜
ええっ
タハッ
クレジットカードの会員なら安くく入れるってやつで…
2〜3年前から入ってる医療保険
保険料毎月2000円
ハハハ…
保険料がカード引き落としだからすっかり存在忘れてて…
でもそれもちゃんと見直そうと思います!!
もう忘れないっ
そうね
現金や換金しやすい金融商品がなんでも使えていいと思いますよ
病気になったらその治療に使えばいいし
元気だったら楽しむために使えばいい♪
できれば夫婦二人で健康でちゃんと貯めつつ日々楽しくすごせるっていうのが
ピラッ
ベストな人生設計
なんじゃないのかな

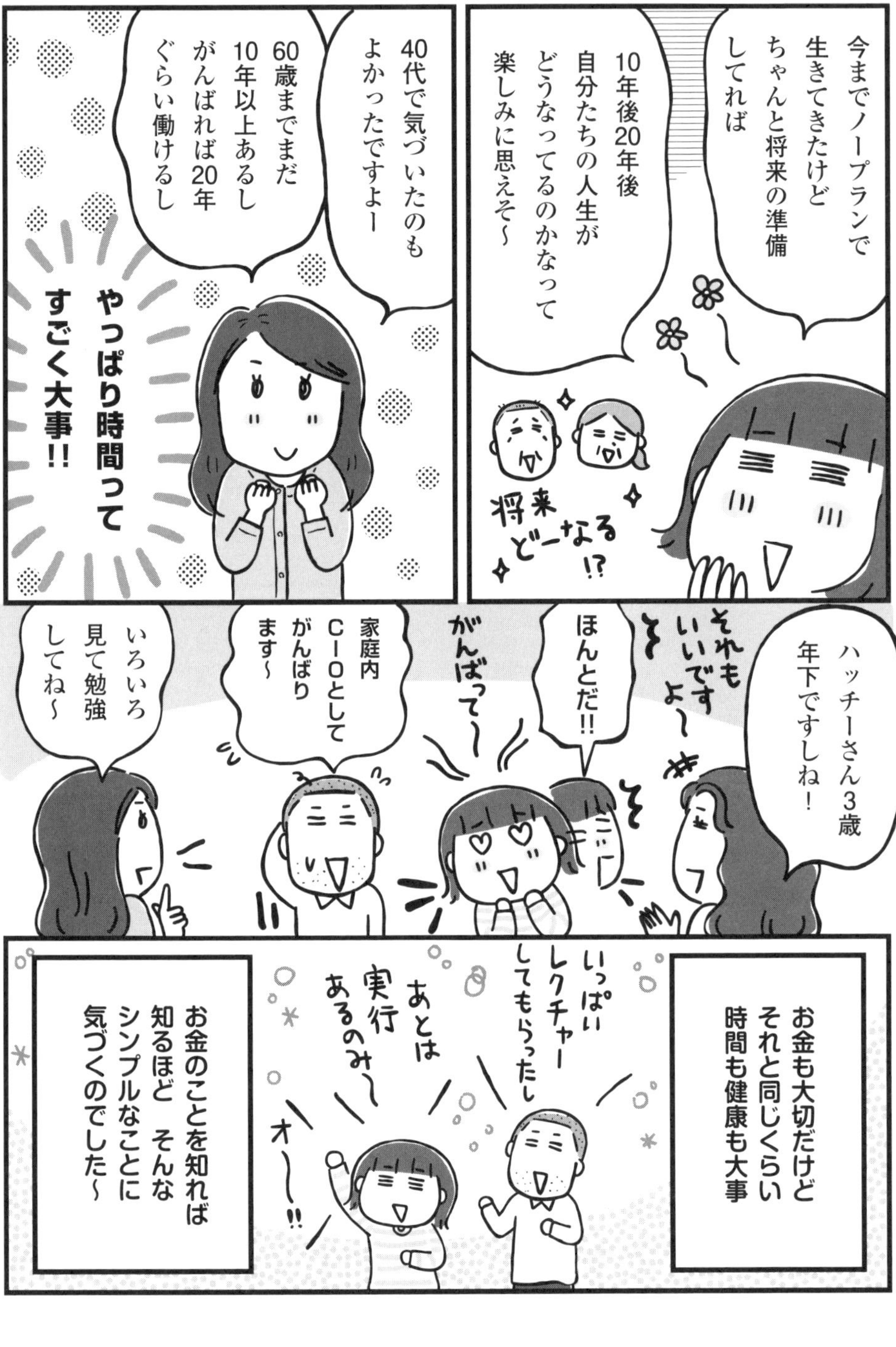
今までノープランで生きてきたけどちゃんと将来の準備してれば
10年後20年後自分たちの人生がどうなってるのかなって楽しみに思えそ～
将来どーなる!?
40代で気づいたのもよかったですよー
60歳までまだ10年以上あるしがんばれば20年ぐらい働けるし
やっぱり時間ってすごく大事!!
ハッチーさん3歳年下ですしね！
それもいいですよ～
ほんとだ!!
がんばって～
家庭内CIOとしてがんばります～
いろいろ見て勉強してね～
お金も大切だけどそれと同じくらい時間も健康も大事
いっぱいレクチャーしてもらったし
あとは実行あるのみ～
オー～!!
お金のことを知れば知るほど　そんなシンプルなことに気づくのでした～

13章

一回休みの我が家

この数ヶ月いろいろとお金のことを勉強した我が家
いよいよ実行に移す時が来たね…
オレ今から
深田さんにいらないって言われた保険
保険料月5000円
入ってたことも忘れてた保険
保険料月2000円
保険2件解約するよ!!
おお〜っ
ついでにずーっと昔に作ったけど
OX BANK
OX BANK CARDLOAN
OX BANK
一回も使ってない銀行系のローンカードも解約するっっ
なんでそんなカード作ったの!?
ローンって!!
前に車買い替える時にお金借りようかなって思って…
でも結局貯金でなんとかなったんだよね〜

しかもよく聞いてみると結婚後の話だった!!
そんなことあったなんて…
全然知らなかった〜
もしかしたら借金してたかもってこと!?
保険といいローンカードといい
もしもし〜解約したいんですけど〜
一緒に暮らしてても知らないことってたくさんあるんだな〜
いくらお財布が別々でもお金のことはちょくちょく話しておかないとだわ
うんうん
解約祭りだ〜
チョキ
チョキ
そして私はというと
小規模企業共済と国民年金基金の両方やるのもいいかも〜
運用できるならiDeCoがいいけどね♪
と竹川さんに教わり
両方できるかな…
ぽ〜
やるなら1万…
2万…
いやもっとがんばっても…
じゅ〜〜
思案していた矢先

歯医者通い決定〜
あー
これは長くかかるなー
検診でイロイロ見つかる…
かゆ かゆ かゆ かゆ かゆ
肌トラブルで皮ふ科へ〜
なんだか急にあちこちガタが来たよ〜
病院ばっかり行ってるよ〜
ひ〜
いてっ
五十肩判明〜
こっち上がらない
整形外科へ〜
ハッ
これが老い…!?
ってか病院代が地味に痛いー!!
竹川さんにあんなにレクチャーしてもらったのに
まずはできることから始めましょー
OK OK
す…すみません…
国民年金基金はちょっと今は考えちゃうかも…
小規模企業共済だけやることに…

国民年金基金
やらない分貯金
がんばったり
将来的に小規模
企業共済の掛け金
増やしたりして
お金の流れを
作っていこう
うん!!
小規模企業共済のプランはというと
45歳から始める
小規模企業共済
毎月2万円を
10000
20年間 積み立てる
元本
480万円
20年後
65歳
事業廃止したら
約557万円
受け取れる!!
前にシミュレーションした
このプランで行こうかなって♪
取り寄せ済だった
申込み用紙に
必要事項を記入し
ネットで
取り寄せ
られるよ!
銀行へ提出
BANK
おねがい
しまーす
終わった
終わった~
なーんだ
簡単じゃーん
と、思いきや
小規模企業共済の
サイトを見ると
申し込みから
約40日で
加入者には
手帳や
しおり
が送られて
くるという…
お待たせ~
40日!?
けっこう
かかるんだな!!

もし加入資格に該当して
なくて断られちゃう場合
約2ヶ月後に
その旨のお知らせが…
NO!!
バ
あなたは
入れませ〜ん
私フリーランスだし
該当してるし　大丈夫
だとは思うけど…
2ヶ月って!!
ダメなら
早く
言って〜
そうだ…お金にまつわる
申込みごとは案外時間が
かかるんだ…
今日が一番
若い日だと
思って
始めてみて
竹川さんの言葉
思い出しちゃうな
そういうのも
考慮して
早め早めに
動けってこと
なのね
はぁぁ…
もう
飲んじゃお〜
とぽー
あれ？
小規模企業
共済の申し込み
終わったの？
いや〜
こうこうこうでさ…
何事も
早くやって
おけってこと
だね
ふ〜っ
そういうハッチーはつみたて
NISAどうなったの？
うん、まだ調べ中なんだけどさ〜
それより
そろそろ車検
だから車買い
替えようかなって
話してたの
覚えてる？
ピクッ

中古車サイト見てたら
いいの見つけてさ
アルファロメオ147
中古 40万円
イタリア車大スキ〜!!
今度の休み
早速見てくるわ♪
来た〜っ
車買い替え時期〜!!
夫は車検の時期の前になると安い中古車に乗り換えていくというちょっと変わった車癖があるのだ…
もうすぐ車検だな
今乗ってる中古車
ってことで買い替えした〜☆
また中古車〜
これ乗りたかったんだー
なのでうちの車はたいてい1〜2年のスパンで変わります
ああもう…すっかり車買うのに夢中になっちゃって…
車のサイズは…
エンジンは…
ホイールは…
夫よ…
つみたてNISA
やるの？ やらないの〜!?
ウキ
ウキ
保険の解約までは早かったんだけどな…
私の小規模企業共済は返事待ちだし〜
すごろくで言えば一回休み状態の我が家なのでした…
休み〜
Beer

おまけひとこま②

お金のことをちゃんと考えるようになって
こうこうこうでようやく老後のこととか考えるようになって〜
〇〇ちゃん将来のために何かやってる〜？
うちは結婚したときに旦那と将来のお金の話してさ〜
投資もそのとき始めて株もずっとやってて〜
えーっすごい〜っ
いい
それで今は〜あーでこーで
そーなの!? うちは旦那がつみたてNISAを〜
ペチャ
クチャ
友達とお金の話する日が来るなんて思わなかった…。

14章

ようやく家庭内CIO誕生!?

お金に関するあれこれが保留中ということもあり
小規模企業共済の返事待ち～
この数ヶ月で気づいたことをふと考えてみた
当たり前だけど…
FAMILY
夫とは二人で家族なんだなーっと…
深田さんや竹川さんの話を聞いて初めて自分の老後のライフプランをイメージしてみたけど…
老後
老後
ブツ
ブツ
ブツ
ハッ
老後って…私とハッチー二人の老後でもあるのか!!
オレらも
年とったなー
WE ARE ROGO☆
そうだよー
オレのこと忘れないでー
独身が長すぎて今ひとつ夫婦っていう感覚がなかったけど…
お金を考えることは一番近くの人との人生を考えることなんだなー
しみじみ…
そしてそんな私の人生のパートナーは今…
ねーねー

どーーん
わ〜い♪
いい買い物したと思わなーい？
かっこいい〜〜!!
さすさす
買い替えたばかりの中古車に夢中である…
どうこれー？今度ドライブ行こうよ〜
ウキウキ
あーうんーそうだねー
ハハハ〜
っていうかやるやる言ってたつみたてNISAも全然だし…
ホイールは変えようかなー
ヤフオクで安いのないかな〜
頼むよ家庭内CIO〜!!
しかしその時は突然やって来た
ナオちゃん
んー？
オレ今からつみたてNISAの口座作るわ
どやっ
えっ
何々!?
どーしたの急に!?

なんだかんだ本読んだりサイト見たり準備してきて…
ようやくその時が来たって感じ!?
なんだそれ!!
車も買い替えてひとしきり落ち着いたのかな?
とにもかくにもやる気になってよかった…!!
さ〜
ネットで申し込むか〜
どこで口座開くの?
働いてる人はネット証券がオススメ☆
って竹川さんも言ってたし…
ネット証券は決まりだけど〜
う〜〜ん
代表的なのは楽天証券とSBI証券だっけ
つみたてNISAの口座ってひとり1口座しか開設できないんだよね
つみたて NISA
つみたてNISA
口座開設MEMO
一度口座開設したあとに
やっぱり他の証券会社に変更したい!
ってのもできなくはないけど…
かなり手間と時間がかかります
だから自分が使いやすいとこがいいですよ〜

楽天カード持ってるしポイントも投資に使えるって話だし
Rakuten
楽天証券
よしっ楽天証券に口座を作ろっ!!
早速楽天証券にアクセスして
えーっと 住所氏名 電話番号〜
ほんとにつみたてNISA始めるんだな〜
チラ
チラ
必要事項を入力していく夫
NISA
つみたてNISA
iDeCo
楽天FX口座の申し込み
信用取引口座の申し込み
見て見て
FXとか信用取引も申し込めるよ!?
すごいな〜素人でも始められちゃうんだね
さすがにこれは手出せないわ〜
もちろんつみたてNISAだけやる設定で申し込み
納税方法を選択したり
免許証の画像を送ったりして
確定申告は不要なやつで
クリック!!
送信〜
けっこうカンタンだったなー
10分程度で口座開設の申し込みは終了〜

そして数日後にIDとパスワードが届き
お待たせ〜
ログイン♪
つみたてNISAの登録作業もあと少し〜
へ〜
えっ
勤務先…
勤務先も入力しないといけないの?
けっこう細かく聞かれる
うんインサイダー取引規制に抵触しないようにだって〜
インサイダーって
ニュースとかでは聞いたことあるけど!!
まさか自分の生活の中で聞く時が来るとは〜!!
なんかすご〜い!!
わ〜
で、もろもろ入力して…マイナンバーも送って…
カチャ
カチャ
ハイ、つみたてNISAの口座開設&初期設定できました〜
イエ〜イ☆
いよいよ自分の買いたい投資信託を選んでいく
え〜何々?早速ファンド（投資信託）を探してみよう、か…
ふ〜ん
自分で一《イチ》からファンドを選びたい方
ファンド一覧から選ぶ
or
どんなファンドを選んだらよいかわからない方
パッケージから選ぶ
まずはファンド一覧を見てみようかな
だね
クリック☆

150本の※ファンドでーす
どわーー
ズラ～
こんなにあるのー!?
ちなみに…
という風になっちゃう人は銀行のインターネットバンキングで本数が絞られているところを選んでもOK！
そういえば楽天証券はネット証券の中でも取扱い本数多いって話だったもんね
ズラ～
金融機関によっては取扱い商品が数本というところもあるようで…
ヤマダ電機で買い物するか
商店街の小さな電気屋さんで買い物するか
ぐらいの違いがあるんですよー

※ 2019年1月末現在

いざ150本のファンドを目の前にすると
今までつめこんだ知識がどっかに行ってしまった
知
知
知
大丈夫…?
完全に脳みそストップ状態…
あっ
だったらさっきの何を選んだらいいかわかんない人向けのとこ見てみたら?
安心の初心者マーク♪
パッケージから選ぶ
クリック!!
だねっ
初心者向けゾーン
らくらくパッケージ♪
積極派のあなたに
□…全世界株式…
□…ファンド…
□…インデックス…
□…インデックス…
堅実派のあなたに
□…ファンド…
□…インデックス…
□…外国株式…
バランスファンドなら…
□…バランス…
□…バランス…
始めからセットでパッケージされてるんだね!
親切!!
これいいんじゃない?
うーん…
でもさ これってこの組み合わせのまま買わなくてもここからチョイスしてもいいんでしょ
なんかそのままってのもな〜
それぞれ商品だからできるとは思うけど…
堅実派…
積極派…
お、コレ指数がMSCIコクサイ・インデックスってやつだ…
新興国…先進国…
バランス型も気になるし…
ブツ
ブツ
ブツ
ハラハラ…

日本はもちろん外国もくまなく組み合わせてみたよ〜!!
もちろんインデックスファンドでね♪
フーッ
先進国株式
積立金額
毎月3000円
積極派から
新興国株式
積立金額
毎月3000円
外国株式
積立金額
毎月3000円
堅実派から
やっぱり気になるバランス型
バランスファンド（4資産均等型）
積立金額
毎月1000円
合計月10000円積み立てることにして…
毎月10000円×12ヶ月＝
年間積立想定額
計12万円
おー〜っ
それでゆくゆくはしぼっていこうかなーって
リターンがでかいのはどれだ!?
うんっいいんじゃない!?
全然よくわかんないけど!!
そして
それぞれの目論見書も確認して
文章多すぎ〜
初回買い付け日も確認して
買えるのは1ヶ月後ぐらい
月1万円の積み立て方法をカード引落としにしたためタイムラグあり
CARD
注文する
カチッ
クリック〜☆

オレ…とうとう投資デビューしたよ～
うぉ～
おめでとう！
よかったーよかったー
いや～なんとかなるもんだなー
しみじみ…
楽天だからかわかんないけど
ファンドをカートに入れる
ネットショッピングみたいだったね
うん、思ったよりカンタンだったわ～
ここまで長かったけどようやくつみたてNISAもスタートし
今夜は家庭内CIO誕生を祝して飲も～
いいね～♪
わい
わい
めでたしめでたし☆
…なんて思ってるのは自分たちだけなのをまだ私たちは知らない…
えっ？
なんか言った？

15章

夢、大事…！

夫がつみたてNISAを始めた
ということで早速木村さんにも報告〜
もしもーし
フカザワですー
おっ
もしや
つみたてNISAに
進展が!?
そうなんです!
夫もようやく投資デビュー
しまして…♪
おーすごい!
どんな
ファンド買ったか
聞いても
いいですか!?
お金の本の
編集者として
気になる〜
もちろんですよー
木村さんにいろいろ導いて
もらわなかったら
この展開なかったですし
夫が買ったのは
外国株式と〜
先進国株式と〜
新興国株式と〜
あとバランス型も〜
えっ 一体いくつ
買ったんですか!?
月額合計1万円で
4つ買ってましたけど…
この4つに
決めた〜
銘柄は確か
こうこう
こうでー
ハッチーさんには
申し訳ないですけど…
4つは多すぎです
管理も大変なので
オススメできません
しかも中身が似てる
4つなので複数持ってる
意味もあんまりないですっ
え〜っ
多すぎとか
あるの〜
何それ〜

まさかここまでダメ出しされるとは…!!
やっぱり投資始めるなんて無茶だった!?
もしもーし
という訳で後日ビデオ通話にて
ごぶさたしてまーす
忙しいのにすみませーん
再び竹川さんからレクチャーを受けることに
早速ですけど外国株式のインデックスファンドを2本買ってるじゃないですか
〈夫の買ったモノ〉
外国株式
先進国株式
新興国株式
バランスファンド
これってMSCIコクサイ・インデックスに連動するタイプだから2本とも先進国株式のインデックスファンドなんです
同じタイプのものを2本買ったのはなぜですか?
え〜っと
運用会社が違うのかなぁって…
ザ・素人考え〜
な、なるほど
インデックスファンドは指数に連動して動く設計になっているので
どこを選んでもほとんど同じ
運用会社を別にしても意味がないという…
そうなんですかっ!?

あとバランス型っていうのはそもそも自分で組み合わせなくてもいいように
一本で株式とか債券にまとめて投資ができるっていうのがメリットなんです
お弁当で言えば…
バランス型
〈幕の内弁当〉
いろんなおかずが入ってるから他におかずはいらないよ!!
ハッチーさんの買った投資信託をお弁当に例えると
バランス型
幕の内弁当
外国株式
ハンバーグ弁当
先進国株式
ハンバーグ弁当
新興国株式
からあげ弁当
おかずがかぶりまくり!
見てるだけで胃もたれする〜
うわ〜そういうことなのか〜
うぷっ
選び方は選択1、選択2の2択です♪
選択1
全世界の株に投資
Ⓐ
全世界へ投資
これ1本でOK♪
Ⓑ
エリア別に自分で組み合わせる
日本＋日本以外の全世界
日本＋先進国＋新興国
できれば2本、多くても3本!

株以外の債券や不動産などにも投資するバランス型
選択2
バランス型は1本で!!
株
債券
不動産
株
債券
など…
割合が決まっている(固定配分)、もしくは6均等、8均等など資産を均等にしていると明記されているものならOK!!
値動きはマイルドな分、長い目で見ると大きくは増えません～
マイルド～
う～ん!! オレはどれがいいんだろ～?
?
?
?
つまり、株式100%で全世界に投資するかバランス型を選ぶかってことです
株式100%は値動きが大きいけど長期的には増える可能性もあるんですけど…
人って10万円が5万円になるのは耐えられるんですけど…
積み立てから5年後…
積み立て総額は200万円なのに…
今の運用評価額は半分の100万円に…
DOWN
NOO～!!
って可能性もゼロではないので…
ダメダメそんなの～
う～ん

短期間に下がってるの見てられないとかならバランス型1本かなー
そんな感じでハッチーさんなりに選びなおしてもいいかも？
ハラハラ
うーむ
オレ　バランス型やめます
攻めで行きます!!
えええっ
そーなの!?
バランスファンドやめるなら残り3つから絞るのもありだし
サヨナラー
外国株式
サヨーナラー
先進国株式
バイバーイ
新興国株式
ZERO
ゼロから考えて日本も含めて全世界株のインデックスファンドっていうのもあってそれ１本に絞るのもいいかな
ちなみにバランスファンド以外の3つから絞るなら
・先進国株式
・新興国株式
の2つかな～
うーん
うーん
あっ
そういえば夫と一緒に楽天証券のサイト見てたら
投資信託の買い付けランキング
1位……
2位……
3位……
っていうのがあって…
上位のやつを買えば間違いないとかやっぱりあるんですか？

う〜ん
それは絶対ないわねっ
バッサリ☆
うっ
証券会社の買い付けランキングはあくまでも売れたっていうだけだから
証券会社
売れたものランキング
たくさん売れたものがいい商品かっていうとそれはまた別なんです
売れてるからって安易に飛びつくのはやめた方がいいですっ
へ〜
そ…そーなのか!!
ハッチーがネットで投資信託買ってるの見てて…
カチッ カチッ
ふ〜ん
ランキングの上位買えば私でもできるんじゃない?
って密かに思ってた自分が恥ずかしい!!
ギャー
私みたいな性格には投資向いていないんだわ
小規模企業共済（審査通ってたらだけど…）と貯金こつこつやってこう…
ちなみに先進国と新興国に絞ったら…
先進国株式 毎月5000円
新興国株式 毎月5000円
って感じかな〜?

んー〜〜〜
先進国株式と新興国
株式の割合が半々だと
若干リスクが高いかも…
新興国・先進国
月5000円・月5000円
新興国が
占める割合が
高い
車で言うと
スポーツカーで
ずーっと飛ばして
走ってる感じです
ビュンッ!!
そーなんですか!?
世界の株の時価総額の
割合を参考にして
世界の株の
時価総額の
割合はコチラ
日本＝1
先進国＝8
新興国＝1
そんなの
あるのか〜
金額の割合も…
先進国
株式
8000円
新興国
株式
2000円
おおっ
ぐらいの差が
あってもいいです〜
だけどそこは本人がどう
攻めていくかっていう感じなので
これから
新興国の株が
来るに
ちがいない!!
UP!
UP!
ってハッチーさんが
思ってるなら
5000円＋5000円
でも止めません
どうするの？
いろいろ教えて
もらってオレなりに
決めたよ…
オレ…

すべてなかったことにして全世界株1本で行くわ!!
全世界株式インデックスファンド
月1万円
FTSEグローバル・オールキャップ・インデックスに連動するタイプ
ポーーイ
外国株式
先進国株式
新興国株式
日本も含めて47ヶ国の株にまとめて投資
えーっ
200万円が100万円になることもあるのに!?
大丈夫かな?
世界の株（日本＋先進国）に毎月1万円を20年間積み立てたら平均で563万円になったっていう結果もありますよ…
積立元本240万円
112Pのグラフもまた見直してみてね!
もちろん多少のリスクも覚悟してるし もともと長期でっていうのが大前提だし…
それにやるからには夢も見たいし〜
案外山っ気あるんだな…
知らなかった…

夢、大事大事!!
DREAM♪
まずは全世界株1本で
やってみて余裕が出てきたら
味付け的に他の投資信託を
プラスしてみるのもいいですよ!
全世界株 + 他の投資信託
一時はどうなることかと思ったけど
つみたてNISAは年間40万円までできますからね〜
がんばってくださーい
ハイ!! ありがとうございました〜
竹川さんの再レクチャーでなんとか軌道修正できることに…!!
よし早速申し込み済の4つは解約して…
うわ!! オレ買ったやつ
投資信託4商品
積立合計
10000円
この日の評価額
10139円
139円プラスになってるー
自分で初めて選んで決めた銘柄だから愛着あるけど…
男に二言はないのだ〜っっ
解約 クリック
解約 クリック
解約
解約 クリック
フッ…
おお〜

そして全世界株式インデックスファンドを毎月1万円ずつ買う設定にして…
全世界株式インデックスファンド
●月10000円
注文する
クリック!!
フ〜ッツ
買い直し完了〜♪
CIOの再スタートを祝して乾杯しよ♪
Beer
Beer
竹川さんと木村さんに4つは多いって言われた時は正直ショックだったけど…
今はもうすがすがしい気持ちでいっぱいだよ!!
よかった よかった
スッキリー♡
老後のためにも毎月積み立てていくぞ〜!!
目指せ20年
全世界株にカンパ〜イ!!
Beer
Beer
いや〜20年後いくらになってるかな〜♪
早速夢見てる!!
めでたしめでたし〜☆

☆エピローグ☆

なんだかんだありつつ
全世界株式インデックスファンド
全世界株1本でつみたてNISAを再スタートさせた夫
よいしょ〜っ
その後こまめに楽天証券のサイトをチェックするかと思いきや
どうやらほぼ放置
車のニュース
今いくらとか気にならないのー?
オレ買ったの全世界株100%だし
UP
DOWN
短期間で上がったり下がったりで一喜一憂してもしょうがないじゃん!!
たまにチェックするくらいがいいですよ〜♪
って竹川さんも言ってたし〜
決算時に運用報告書来たらチェックするよ〜
すっかり竹川チルドレン…!!
でもまあ、確かに運用報告書とかを見て
これどうやって見るの!?
プラスなの? どーなの?
またいろいろ学んでいくって感じなのかなー
つみたてNISAも何もしてなかった頃に比べたら一歩前進…かな?

私はというとやきもきさせられた
小規模企業共済でしたが
手続き完了でーす
おまたせ～
しおり＆手帳
お～
書類一式がきっちり40日後に
送られてきました～!!
自営業者なら申し込めば
誰でも入れるって
わかってるけど…
何このうれしさ
よかったね～
気づいたら10年以上
ひとりでひっそりと
続けてきた
この仕事だけど
しーん…
小規模企業共済
あなたもちゃんと
自営業者
なんですよ
って認めてもらえた
ような気分…
じ～ん
それにこれから毎月2万円
積み立てるって考えたら
背筋が伸びるわ～
目標は
65歳まで
月2万円!!
10000
10000
ひ～～っ
そういえばもし私が死んだら
積み立てた共済金の受取人は
配偶者なんだって！
その時は
ちゃんと手続き
してお金
受け取ってね！
やめてよ
縁起でもない

夫婦なんだから
こういうことは
ちゃんと話して
おかないとさ～
まー
確かにねー
結婚して3年
お互いの収入も
貯金も知らな
かったけど
お金のことを勉強する
ようになって夫のお金の
考え方も初めて知ったし
コツコツタイプだけど…
山っ気もある
保険何入ってるかうっかり忘れてる
私自身ずっと避けてきた
お金のこととようやく
向き合えたような気がする
before
難しいこと考えたくなーい
老後こわーい
after
毎月2万円積み立てて…
65歳まで働いて…
保険もちゃんとしなきゃなー
少しは成長
できたかな～
タイミングは人それぞれだけど
疑問に思ったりもっと
知りたいって思った時に
ちゃんと知ろう
とすることが
大事なのかもね
あ、それって
竹川さんの言ってた
今日が人生で一番
若い日と思って
始めてみて
ってやつだね
そーそー

最近ほんと思うんだけど
いろんなお金の計算しててもさ
す・こ・や・か〜
それは健康で働けてるからこその計算でもあるんだよね
病気も怪我も誰にでも起こりうるし
くすり
老後資金3000万円貯めるぞっ
って言ってても何歳で死ぬかなんてわからないし…
オレの寿命〇歳だったか〜
そっか〜
ってか死ぬよりも病気になって働けなくなった時の方が想像したくないかも〜
ひ〜
ま〜ね〜
だから何が起きてもいいように蓄えておくんだろうし
深田さんの言ってたアレ…
病気になったら思いがけない出費もあるけどそのために貯金があるのよ
健康にも気をつけていかなきゃいけないんだろうな
45歳にしてそんな基本的なことに気づき、心に決めた
私、365日晩酌して
お酒大スキー!!
イエ〜イ
家計だけでなく体にも良くなかったけど…

これから週に1回休肝日作るよ！
やっぱり健康大事！
ブッブー
KANZO
GOOD♪
一緒に休肝日がんばろっ
えー!? オレも〜!?
別にオレ自分のペースで飲むし〜
なんで〜
いいじゃんいいじゃん
週に1回休肝日付き合ってよ〜
あ、あと楽だからってネットスーパーばかり頼まないでなるべく歩いてスーパー行くようにするよ
スーパー
運動不足解消になる〜
さぼりがちのストレッチも足腰のためにがんばる！
うぅっ
あ〜そういうのいいかもね

貯めるだけじゃなくて
将来
お金をかけずに自分の将来のためにできることってあるよね
あっ　貯めると言えば
ハワイ貯金
ALOHA〜♪
ハワイ貯金ぼちぼち貯まってきたから旅行計画しない？
賛成〜☆
お金のことちゃんと考えて好きなことも楽しみつつ
いつ行く〜？
会社の休みが〜
10000
50代60代70代と健やかに歳を重ねていけたらいいな〜
まだまだ始まったばかりの人生設計だけど
深田さん
竹川さん
木村さん
ありがとうございました〜
日々がんばりまーす☆

おわり

おわりに

と、いうわけで…。
お金オンチの40代夫婦の実録お金勉強エッセイ漫画を、最後まで読んでいただきありがとうございました！
本当に基本的なことから学んでいくっていう感じだったので「ここからスタートなの⁉」と、驚かれた読者の方もいらっしゃるのではないでしょうか…？

それぐらいお金のことを後回しにして、ここまで来てしまった私達夫婦ですが、深田さんに家計全般を教わり、竹川さんにお金の制度や投資のことを教わり、ようやく将来や老後のことが少し見えてきたような気がします。

今までならお金の話とか夫婦でほとんどしなかったけど、今は「何かあったとき貯金、今いくら貯まってるっけ？」とか「今月給料○○万円だった～！」とか、わりとカジュアルにお金の話ができるようになりました。

深田さんの家計診断を受けなかったら、一生お互いの収入も貯金も知らず、老後のお金もノープランだったと思うので、本当に家計診断受けてよかった…！

夫は夫で、結婚当初に私がＮＩＳＡを反対したことから「オレは一生投資とかできないんだ…」と思っていたみたいですが、夫婦揃って竹川さんにいろいろ投資のことレクチャーしていただいたおかげで、念願のつみたてＮＩＳＡを始められて本当にうれしそうです（笑）

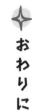

ちなみに夫に投資信託の状況をチラッと聞いてみたら、全体的に株価が下がっているらしくて、評価損益額が現在マイナス300円とのこと。
あ〜〜〜〜！　やっぱり全世界株って上がったり下がったり激しいんだな…！
でも本人は、竹川さんに教えてもらったように「長期計画で行くんだ！」と、まったく気にしてないみたいで、ある意味マイペースな性格の夫には、つみたてNISAは向いているのかも…？？？

お金のこと知らなさすぎの私達夫婦に、とてもわかりやすく、そして根気よく、いろいろお話ししてくださった深田さん、竹川さん、本当にありがとうございました！
お二人に教わったあれこれをしっかり胸に刻みつつ、貯金や老後資金のこと、これからもマイペースにがんばっていきます〜。
そしてこの本の担当編集者の木村さん！　本の制作中、お金オンチの私に何度も丁寧に、専門用語など教えていただきありがとうございました。木村さん自身の投資の経験談もすごくリアリティがあって、めちゃくちゃ勉強になりました〜！

そしてそして。最後までこの本を読んでくださった読者の皆様、本当にありがとうございました！
少しでも日々の何かしらのきっかけになったり、おもしろかったなぁ、こんな夫婦がいるんだなぁって思っていただけたならうれしいです。またどこかでお会いしましょう〜！

2019年3月

フカザワナオコ

～取材＆監修の先生～

深田晶恵（ふかたあきえ）

ファイナンシャルプランナー（CFP・1級FP技能士）［株式会社生活設計塾クルー 取締役］ファイナンシャルプランナー（CFP）、（株）生活設計塾クルー取締役。1967年生まれ。外資系電器メーカー勤務を経て96年にFPに転身。現在は、特定の金融機関に属さない独立系FP会社である生活設計塾クルーのメンバーとして、個人向けコンサルティングを行うほか、メディアや講演活動を通じて「買い手寄り」のマネー情報を発信している。23年間で受けた相談は4000件以上。「すぐに実行できるアドバイスを心がける」のをモットーとしている。ダイヤモンドオンライン、日経WOMAN、講談社マネー現代等でマネーコラムを連載中。

■生活設計塾クルー
http://www.fp-clue.com/

竹川美奈子（たけかわみなこ）

LIFE MAP,LLC代表／ファイナンシャル・ジャーナリスト。出版社や新聞社勤務などを経て独立。2000年FP資格を取得。新聞・雑誌等で取材・執筆活動を行うほか、投資信託やiDeCo（個人型確定拠出年金）、マネープランセミナーなどの講師を務める。「1億人の投信大賞」選定メンバー、「コツコツ投資家がコツコツ集まる夕べ（東京）」幹事などをつとめ、投資のすそ野を広げる活動に取り組んでいる。2016年7月～金融庁金融審議会「市場ワーキング・グループ」委員。『改訂版　一番やさしい！　一番くわしい！はじめての「投資信託」入門』『税金がタダになる、おトクな「つみたてNISA」「一般NISA」活用入門』『一番やさしい！　一番くわしい！　個人型確定拠出年金iDeCo活用入門』（ダイヤモンド社）ほか、著書多数。

■ LIFE MAP,LLC
http://lifemapllc.com/

［著者］

フカザワナオコ

1973年生まれ、愛知県在住。イラストレーター&漫画家。 独身、彼ナシ、金ナシの楽しくも切ない毎日をつづったコミックエッセイ『毎日がおひとりさま。』が好評を博しシリーズ化。以後継続してコミックエッセイを刊行し、雑誌やウェブサイトなどにもイラストや漫画を執筆。2015年春、42歳のときに結婚。著作は10冊以上を数え、『毎日がおひとりさま。』（主婦の友社）、『母娘台湾ふたり旅』（幻冬舎）、『アラフォーおひとりさま、結婚しました。』（KADOKAWA）、『ハワイ最高レッツゴー！』（イースト・プレス）他多数。
日常のちょっとした発見を描く絵日記ブログ「ひとこま作者」を日々更新中。

http://hitokomasakusya.blog.jp

**45歳、結婚3年、
お金オンチの私にもわかるように
家計と老後のことを教えてください！**

2019年3月6日　第1刷発行

著　者――フカザワナオコ
発行所――ダイヤモンド社
〒150-8409　東京都渋谷区神宮前6-12-17
http://www.diamond.co.jp/
電話／03·5778·7234（編集）　03·5778·7240（販売）

ブックデザイン―穴田淳子（a mole design Room）
取材·監修協力―深田晶恵、竹川美奈子
DTP·製作進行―ダイヤモンド・グラフィック社
印刷・製本―勇進印刷
編集担当――木村香代

ISBN 978-4-478-10641-9